Processo Penal e Pessoa Coletiva Arguida

Processo Penal e Pessoa Coletiva Arguida

2020 • Reimpressão

Maria João Antunes
Professora Associada com Agregação da Faculdade de Direito da Universidade de Coimbra

ALMEDINA

PROCESSO PENAL E PESSOA COLETIVA ARGUIDA

AUTOR

Maria João Antunes

EDITOR

EDIÇÕES ALMEDINA, S.A.
Rua Fernandes Tomás, nºs 76-80
3000-167 Coimbra
Tel.: 239 851 904 · Fax: 239 851 901
www.almedina.net · editora@almedina.net

Design de colecção: FBA.
Capa: Edições Almedina

PRÉ-IMPRESSÃO

EDIÇÕES ALMEDINA, SA

IMPRESSÃO E ACABAMENTO

DPS - DIGITAL PRINTING SERVICES, LDA

setembro, 2020

DEPÓSITO LEGAL

467873/20

ALMEDINA | GRUPOALMEDINA

BIBLIOTECA NACIONAL DE PORTUGAL – CATALOGAÇÃO NA PUBLICAÇÃO

ANTUNES, Maria João, 1963-

Processo penal e pessoa coletiva
arguida. – (Manuais universitários)
ISBN 978-972-40-8355-1

CDU 343

ABREVIATURAS

Ac.	–	Acórdão
Acs.	–	Acórdãos
BverGE	–	Entscheidungen des Bundesverfassungsgericht (Alemanha)
CEDH	–	Convenção Europeia dos Direitos do Homem
CRP	–	Constituição da República Portuguesa
CP	–	Código Penal
CPC	–	Código de Processo Civil
CPP	–	Código de Processo Penal
Nm.	–	Número marginal
Nms.	–	Números marginais
STS	–	Sentença do Tribunal Supremo (Espanha)
TC	–	Tribunal Constitucional
TEDH	–	Tribunal Europeu dos Direitos do Homem

Introdução (*)

1. Segundo o artigo 57.º do CPP, *assume a qualidade de arguido todo aquele contra quem for deduzida acusação ou requerida instrução num processo penal*, ressalvados os casos em que a constituição de arguido tem lugar durante o inquérito, por força do disposto nos artigos 58.º, 59.º e 272.º, n.º 1. De acordo com o artigo 58.º, n.º 2, *a constituição opera-se através da comunicação, oral ou por escrito, feita ao visado por uma autoridade judiciária ou um órgão de polícia criminal de que a partir desse momento aquele deve considerar-se arguido num processo penal e da indicação e, se necessário, explicação dos direitos e deveres processuais referidos no artigo 61.º que por essa razão passam a caber-lhe*. Por seu turno, o artigo 60.º dispõe, quanto à posição processual, que *desde o momento em que uma pessoa adquirir a qualidade de arguido é-lhe assegurado o exercício de direitos e de deveres processuais, sem prejuízo da aplicação de medidas de coação e de garantia patrimonial e da efetivação de diligências probatórias, nos termos especificados na lei*.

Quando o CPP dispõe sobre a pessoa que assume a qualidade de arguido, estatuindo sobre o momento e o modo da constituição e a posição processual em que o arguido fica investido, o Código tem em vista a pessoa singular. É revelador do que acaba de ser dito a regra geral de

(*) O texto que agora se publica teve origem na lição a que se refere a alínea c) do artigo 5.º do Decreto-lei n.º 239/2007, de 19 de junho, diploma que regula o regime jurídico do título académico de agregado. Como as provas de agregação foram requeridas ao reitor da Universidade de Coimbra em outubro de 2016, mas só tiveram lugar em outubro de 2018, não obstante os prazos legalmente fixados, procede-se à necessária atualização.

acordo com a qual o depoimento do arguido é um ato *pessoal* que não pode, em caso algum, ser feito por intermédio de procurador, consagrada nos artigos 140.º, n.º 2, e 138.º, n.º 1[1], bem como outras normas como, por exemplo, as que preveem a suspensão do exercício do poder paternal, a obrigação de permanência na habitação, a prisão preventiva e a detenção nos artigos 199.º, 201.º, 202.º e 254.º e ss.

Numa primeira aproximação ao tema do processo penal e da pessoa coletiva arguida o que importa começar por salientar de imediato é a ausência de normas de natureza processual específicas em matéria de responsabilidade penal das pessoas coletivas[2].

Em 1988, quando o CPP entrou em vigor, valia entre nós como regra o carácter pessoal da responsabilidade. Estabelecia então o artigo 11.º do CP, na esteira do artigo 22.º do CP de 1852 e do artigo 26.º do Código de 1886, que, salvo disposição em contrário, só as pessoas singulares são suscetíveis de responsabilidade criminal. As disposições em contrário foram-se sucedendo na legislação extravagante, nomeadamente em matéria de infrações contra economia e contra a saúde pública (Decreto-Lei n.º 28/84, de 20 de janeiro), de crimes ligados à informática (Lei n.º 109/91, de 17 de agosto), de infrações tributárias (Lei n.º 15/2001, de 5 de junho), de condições de entrada, permanência, saída e afastamento de estrangeiros do território português (Decreto-Lei n.º 34/2003, de 25 de fevereiro), de previsão e punição dos atos e organizações terroristas (Lei n.º 52/2003, de 22 de agosto), de infrações laborais (Código do Trabalho, aprovado pela Lei n.º 99/2003, de 27 de agosto), de armas e suas munições (Lei n.º 5/2006, de 23 de fevereiro) e de comportamentos antidesportivos (Lei n.º 50/2007, de 31 de agosto). Foram-se sucedendo sem que, porém, tal legislação tivesse previsto uma qualquer norma de natureza processual penal em matéria de responsabilidade penal das pessoas coletivas, ressalvado o diploma sobre

[1] Conclui pela aplicação analógica destas disposições legais à pessoa coletiva arguida em processo penal, o Parecer do Conselho Consultivo da Procuradoria-Geral da República n.º 10/94, de 7 de julho, homologado em 3 de março de 1995 (*Diário da República* n.º 99/1995, II Série, 28 de abril). No sentido de a proibição de depoimento por intermédio de procurador valer somente para as pessoas singulares, António Gama, *Comentário Judiciário do Código de Processo Penal*, comentário ao artigo 140.º, § 19.

[2] Na conclusão, entre outros, Reis Bravo, "Incidências processuais da punibilidade dos entes coletivos", p. 51.

infrações económicas e contra a saúde pública, o qual dispõe sobre a legitimidade da pessoa coletiva para se constituir assistente (artigo 43.º)[3] e sobre regras do processo de liquidação subsequente a decisão condenatória de dissolução (artigo 44.º).

A ausência de normas de natureza processual penal específicas em nada se alterou quando a Lei n.º 59/2007, de 4 de setembro, dando nova redação ao artigo 11.º do CP, alargou o âmbito da responsabilidade penal das pessoas coletivas a crimes previstos neste Código, quando cometidos *em seu nome e no interesse coletivo, por pessoas que nelas ocupem uma posição de liderança* ou *por quem aja sob a autoridade dessas pessoas em virtude de uma violação dos deveres de vigilância ou controlo que lhes incumbem.* Bem como, ainda, a crimes previstos na legislação extravagante, em matéria de tráfico e consumo de estupefacientes e substâncias psicotrópicas (Decreto-Lei n.º 15/93, de 22 de janeiro) e de procriação medicamente assistida (Lei n.º 32/2006, de 26 de julho)[4].

Só em 2017, no âmbito restrito das medidas de coação, é que a legislação portuguesa, passou a conter normas de natureza processual específicas quando o arguido seja uma pessoa coletiva. Por via da Lei n.º 13/2017, de 2 de maio, foi aditado à Lei do regime de responsabilidade penal por comportamentos antidesportivos o artigo 3.º-A, nos termos do qual, *após a constituição de arguido pela prática de crimes previstos nesta lei, o tribunal pode decidir, com respeito pelos pressupostos gerais e específicos de aplicação das medidas de coação previstas no Código de Processo Penal, pela aplicação, no caso das pessoas coletivas desportivas, da suspensão da atribuição de subsídios, subvenções ou incentivos outorgados pelo Estado, regiões autónomas, autarquias locais e demais pessoas coletivas públicas.*

[3] Sobre a legitimidade da pessoa coletiva para se constituir assistente, cf. Ac. do Tribunal da Relação de Lisboa de 28 de outubro de 2015 (Processo 1225/14.7TACSC-A.L1-3). Este acórdão e os demais citados estão disponíveis em www.dgsi.pt.

[4] Não a alargou, porém, a crimes da responsabilidade de titulares de cargos políticos, previstos na Lei n.º 34/87, de 16 de julho, designadamente aos crimes de oferta indevida de vantagem e de corrupção ativa (artigos 16.º, n.º 2, e 18.º), não obstante as pessoas coletivas terem passado a ser responsáveis pelos crimes de oferta indevida de vantagens e de corrupção ativa previstos no CP (artigos 11.º, n.º 2, 372.º, n.º 2, e 374.º). Na conclusão, Cláudia Santos, *A Corrupção de Agentes Públicos e a Corrupção no Desporto*, p. 31.

2. Uma explicação possível para a sobrevivência de legislação que não contempla normas de natureza processual específicas residirá, certamente, no critério de imputação da responsabilidade penal às pessoas coletivas que se pode extrair da jurisprudência portuguesa. Com efeito, não obstante o regime jurídico legalmente consagrado e a discussão doutrinal sobre o modelo de imputação consagrado na lei penal portuguesa[5], a tendência dos tribunais portugueses tem sido a da imputação da responsabilidade penal à pessoa coletiva estritamente por referência ao facto da pessoa singular, segundo uma fórmula de hétero-responsabilidade em que há identificação entre o facto de uma e de outra, dando-se por verificada a responsabilidade penal da pessoa coletiva de forma como que automática e objetiva, em face da responsabilidade penal da pessoa singular[6]. Com a consequência de a posição processual da pessoa coletiva também se confundir com a da pessoa singular, segundo um modelo que é também de identificação entre a posição processual penal do arguido pessoa singular e a da arguida pessoa coletiva. Contrariando este entendimento e tantos anos volvidos sobre a responsabilidade penal das pessoas coletivas, ainda foi questão a decidir pelo Tribunal da Relação do Porto, em 4 de junho de 2014, a de saber se a pessoa coletiva arguida, ela própria, é sujeita a medida de coação, tendo sido acordado que "as sociedades arguidas num processo devem prestar termo de identidade e residência nessa qualidade, não podendo considerar-se que esse termo é implicitamente prestado quando os legais representantes dessas sociedades, que são também arguidos no processo, prestam esse

[5] Para uma caracterização e evolução de tais modelos na doutrina portuguesa, Germano Marques da Silva *Responsabilidade Penal das Sociedades e dos seus Administradores e Representantes*, p. 174 e ss., Susana Aires de Sousa, *Questões Fundamentais de Direito Penal Empresarial*, p. 89 e ss., e Figueiredo Dias, *Direito Penal. Parte Geral. Questões Fundamentais. A Doutrina Geral do Crime*, p. 347 e ss. Na doutrina brasileira, Alamiro Velludo Netto, *Responsabilidade penal da pessoa jurídica*, p. 103 e ss.

[6] Assim, salientando deficiências em despachos de acusação que omitem elementos constitutivos da responsabilidade das pessoas coletivas, Germano Marques da Silva, "Questões processuais na responsabilidade cumulativa das empresas e seus gestores", p. 793 e s. Cf., ainda, dando conta do mesmo tipo de deficiências, com referências jurisprudenciais, Susana Aires de Sousa, *Questões Fundamentais de Direito Penal Empresarial*, p. 110 e s. Sobre o que deve constar do despacho de acusação como enunciados de facto, Carlos Adérito Teixeira, "A pessoa coletiva como sujeito processual ou a 'descontinuidade' processual da responsabilidade penal", p. 130 e ss.

termo a título pessoal". Na mesma linha de confusão de posições processuais, foi decidido pelo Tribunal da Relação do Porto em 26 de fevereiro de 2014 que "a notificação do agente enquanto representante da pessoa coletiva, nos termos e para os efeitos do disposto no artigo 105.º, n.º 4, alínea *b)*, do RGIT, não dispensa a sua notificação pessoal enquanto responsável singular pelos factos de que é acusado"; pelo Tribunal da Relação de Coimbra em 11 de outubro de 2017 que "a notificação prevista na alínea b) do n.º 4 do art. 105.º do RGIT deve ser feita ao ente coletivo, à sociedade, na pessoa dos seus gerentes ou administradores, nesta mesma qualidade, e também, aos gerentes e administradores, agora na qualidade de pessoas singulares, ou seja, a notificação referida deve ser feita a todos os sujeitos processuais que tenham a qualidade de arguido"; e pelo Tribunal da Relação de Lisboa, em 30 de outubro de 2019, que, para se poder aplicar uma medida de coação a uma pessoa coletiva, se impõe "a sua prévia notificação para ser ouvida, para esse efeito, o que não se confunde com a diligência ocorrida nos autos (interrogatório judicial de arguido) em que foram interrogados os arguidos pessoas singulares"[7].

Temos para nós que a opção por determinado modelo de imputação da responsabilidade penal às pessoas coletivas ou por determinada configuração de um dos dois modelos de base (modelo de hétero-responsabilidade ou de autorresponsabilidade) tem repercussões correspondentes no estatuto processual penal da pessoa coletiva arguida e no processo penal em geral[8]. As especificidades das normas de natureza processual penal são tanto mais extensas quanto menor for a dependência da imputação da responsabilidade penal das pessoas coletivas relativamente ao facto concreto praticado pela pessoa individual. Por exemplo, a não previsão do direito de prestar declarações por parte da pessoa coletiva arguida é mais enquadrável num modelo que a responsabilize penalmente por via do facto imputado à pessoa singular que também é arguida. A adoção de soluções diferenciadas quanto à promoção processual, admitindo que possa valer em relação à pessoa coletiva o princípio

[7] Cf., respetivamente, Processos 35/13.3IDPRT-A.P1, 6319/11.8IDPRT.P1, 2500/15.9T9CBR.C1 e 1655/13.TDLSB-A.L1 (este último ainda não disponível).

[8] Na conclusão também Pérez Gil, "Marco normativo supranacional y toma en consideración de los derechos de las personas jurídicas en el proceso penal", p. 38.

da oportunidade, é mais enquadrável num modelo que a responsabilize por facto próprio[9].

Uma outra explicação residirá na falta, entre nós, de normas expressas sobre a relevância substantiva e adjetiva dos programas de *compliance*[10], à semelhança do que sucedeu, por exemplo, em Espanha, logo a partir do momento em que CP acolheu a responsabilidade penal das pessoas coletivas. No então disposto no artigo 31bis, n.º 4, alínea *d)*, considerava-se circunstância atenuante da responsabilidade penal das pessoas jurídicas o estabelecimento, depois da prática do delito e através dos seus representantes legais, de medidas eficazes para prevenir e descobrir os delitos que pudessem vir a ser cometidos no futuro com os meios ou a coberto da pessoa jurídica. A inexistência no direito positivo português de contrapartidas ao nível da determinação e atenuação da pena, da isenção da responsabilidade penal, da não promoção processual ou da não aplicação de medidas de coação, terá contribuído também, assim cremos, para que as pessoas coletivas que têm vindo a ser constituídas arguidas tenham vindo a aceitar uma posição processual "por ricochete"[11].

Constituem exemplos de consequências substantivas vantajosas dos programas de *compliance* o disposto nos artigos 31bis, n.ºs 2 e 4, do CP espanhol, 3.º, 6.º, n.º 3 e 17.º, n.º 4, da Lei chilena 20 393, de 2 de dezembro de 2009, e 8.º, 9.º, 22.º e 23.º da Lei argentina 27 401, de 1 de

[9] Para uma reflexão sobre o princípio da oportunidade relativamente a pessoas coletivas, GIMENO BEVIÁ, Compliance *y Proceso Penal. El Proceso Penal de las Personas Jurídicas*, p. 176 e ss.

[10] Entre nós, sobre estes programas, devidamente enquadrados na *corporate governance*, ANABELA RODRIGUES, *Direito Penal Económico. Uma Política Criminal na Era Compliance*, p. 56 e ss. E, ainda, SUSANA AIRES DE SOUSA, *Questões Fundamentais de Direito Penal Empresarial*, p. 124 e ss.

[11] No sentido de os artigos 11.º, n.º 6, e 71.º, n.º 2, alíneas *a)* e *c)*, do CP poderem acomodar o impacto dos programas de *compliance* na avaliação da responsabilidade e na determinação da pena, SOUSA MENDES, "*Law Enforcement & Compliance*", p. 14 e s., e TERESA QUINTELA DE BRITO, "*Compliance*, cultura corporativa e culpa penal da pessoa coletiva", pp. 59 e 80 e ss. (incluindo também os artigos 72.º a 74.º do CP). Na conclusão no que se refere ao segundo artigo, SUSANA AIRES DE SOUSA, "A colaboração processual dos entes coletivos: legalidade, oportunidade ou «troca de favores»", p. 18; na conclusão relativamente ao primeiro artigo, também PAULO BUSATO, "*Criminal compliance*: relevância e riscos", p. 458, e CARLOS ADÉRITO TEIXEIRA, "Perspetiva judiciária da imputação do facto da pessoa singular à pessoa coletiva", p. 161 e ss.

dezembro de 2017[12] [13]. É igualmente vantajosa para pessoa coletiva a celebração da *convention judiciaire* prevista no artigo 41-1-2 do CPP francês, introduzido em 2016[14]. Por outro lado, também no âmbito da responsabilidade administrativa das pessoas coletivas identificamos contrapartidas substantivas e adjetivas dos programas de *compliance,* a partir dos artigos 6.º, n.º 1, 7.º, 12.º, n.º 2, alínea *b),* 17.º e 49.º do Decreto Legislativo italiano 231, de 8 de junho 2001, do artigo 7.º da Lei brasileira 12 846, de 1 de agosto de 2013, e dos artigos 12.º, alíneas *d)* e *e),* e 17.º da Lei peruana 30 424, de 21 de abril de 2016, modificada pelo Decreto Legislativo 1 352, de 7 de janeiro de 2017[15].

3. A ausência de normas de natureza processual específicas no ordenamento jurídico português contrasta com o que sucede naqueles em que foi introduzida a responsabilidade penal das pessoas coletivas, bem

[12] Sobre a lei espanhola, PATRICIA FARALDO CABANA, "Los *compliance programs* y la atenuación de la responsabilidad penal", p. 157 e ss., e GONZÁLEZ CUSSAC, "Condiciones y requisitos para la eficacia eximente o atenuante de los programas de prevención de delitos", p. 317 e ss.; sobre a chilena, SOTO DÍAZ, "La responsabilidad de las personas jurídicas en Chile", p. 405 e s.; e sobre a argentina, MARIA FLORENCIA DI LELLO, "El nuevo régimen de responsabilidad de las personas jurídicas privadas por delitos de corrupción de la República Argentina. Análisis de la Ley 27 401 y antecedentes legales", p. 365 e ss., e EDGARDO DONNA, "Compliance y la persona jurídica en el Derecho Penal argentino", p. 1379 e ss.

[13] Sobre o significado da isenção da responsabilidade da pessoa coletiva do ponto de vista da doutrina do crime e a relevância da questão do ponto de vista da prova, com referência à jurisprudência do Supremo Tribunal espanhol e às Circulares da *Fiscalia General del Estado,* ANA MARÍA NEIRA, "La prueba en el proceso penal frente a las personas jurídicas", p. 286 e ss., GÓMEZ-JARA, *El Tribunal Supremo ante la Responsabilidad Penal de las Personas Jurídicas. El inicio de una larga andadura,* p. 94 e ss. E, ainda, PAULO BUSATO, "*Criminal compliance*: relevância e riscos", p. 456 e ss.

[14] Sobre esta solução, IÑAKI ESPARZA LEIBAR, La responsabilidad penal de las personas jurídicas y el rol del *corporate compliance* en el ordenamiento francés. Un interesante ejemplo de lucha contra la corrupción", p. 1412 e ss., e, entre nós, SUSANA AIRES DE SOUSA, "A negociação no processo penal das pessoas coletivas: da experiência americana à receção europeia", p. 132 e s.

[15] Sobre o direito italiano, ROSA ANNA RUGGIERO, "Cracking down on corporate crime in Italy", pp. 415 e ss. e 443 e ss., e SILVIA RENZETTI, "La responsabilità "amministrativa dipendente da reato" degli enti nel sistema italiano", p. 1548 e ss.; sobre o brasileiro, RENATO SILVEIRA/SAAD DINIZ, Compliance, *Direito Penal e Lei Anticorrupção,* p. 315 e ss.; e sobre o peruano, CARO CORIA, "La responsabilidad de las personas jurídicas en el Perú y los *criminal compliance programs* como atenuantes y eximentes de la responsabilidad de la persona jurídica", p. 1302 e ss.

como nos que optam pela responsabilidade administrativa ou contraordenacional. A coincidência normativa que é aqui detetável tem, certamente, que ver com o entendimento de que a natureza não penal da responsabilidade não pode ser fundamento de uma redução das garantias processuais.

Constituem exemplos de ordenamentos jurídicos que seguem o modelo da responsabilidade penal das pessoas coletivas e que preveem normas de natureza processual penal específicas o francês e o espanhol, no plano europeu, e o chileno e argentino, na América Latina.

O CPP francês passou a prevê-las, nomeadamente em matéria de representação da pessoa coletiva arguida, de medidas cautelares e de comunicação de atos, incluindo o local do domicílio (artigos 706-43, 706-44, 706-45, 706-46 e 550 a 566, em especial artigos 550, 551, 555, 557, 559 e 561), por via da denominada "Lei de adaptação" n.º 92-136, de 16 de dezembro de 1992, na sequência da admissibilidade da responsabilidade penal da pessoa coletiva, introduzida pelas Leis n.ºs 92-683 a 92-686, de 22 de julho de 1992[16]. Quando o CP espanhol foi alterado, em 2010, no sentido da admissibilidade da responsabilidade penal das pessoas coletivas, fizeram-se ouvir de imediato vozes pela previsão de normas de natureza processual que acompanhassem a alteração legislativa substantiva, o que veio a verificar-se em 2011, por via de uma lei que alterou a *Ley de Enjuiciamiento Criminal* (a Ley 37/2011, de 10 de outubro)[17]. A lei processual penal espanhola passou a prever disposições específicas em matéria de determinação de regras de competência, de representação da pessoa coletiva, de declarações da pessoa coletiva, de medidas cautelares, de domicílio, de acordo processual e de ausência (artigos 14 bis, 119, 120, 409 bis, 544 quatér, 554.4, 786 bis, 787.8 e 839 bis). Por seu turno, a Lei chilena 20 393, de 2 de dezembro de 2009, sobre a responsabilidade penal de pessoas coletivas pelos crimes de branqueamento, de financiamento de terrorismo e de corrupção, entrada em

[16] Sobre isto, Yvaine Buffelan-Lanore, "La procédure applicable aux infractions commise par les personnes morales", p. 315 e ss.

[17] Sobre isto, enfatizando as críticas então feitas por não terem sido simultâneas alterações substantivas e adjetivas, Gascón Inchausti, "Los desafíos del proceso frente a personas jurídicas en la legislación y en la praxis española: representación y derecho a no autoincriminarse", p. 92 e s. E, ainda, Nicolás Rodriguez, "Adecuación del proceso penal español a la fijación legal de la responsabilidade criminal de las personas jurídicas", p. 151 e ss.

vigor em 5 de julho de 2016, estabelece normas de natureza processual penal específicas, nomeadamente em matéria de representação da pessoa coletiva, de ausência, de princípio da oportunidade, de suspensão condicional do processo e de nomeação de defensor público. Além da regra geral segundo a qual lhe são aplicáveis as disposições relativas ao imputado, acusado e condenado estabelecidas no CPP e em leis especiais, sempre que sejam compatíveis com a natureza específica da pessoa jurídica (artigos 20.º a 28.º)[18]. Por sua vez, a Lei argentina 27 401, de 1 de dezembro de 2017, sobre suborno, concussão e outros crimes, prevê normas específicas sobre notificações, representação da pessoa coletiva no processo, ausência, conflito de interesses entre esta e o representante, medidas cautelares e acordo de colaboração, além de estabelecer como regra geral, quanto à situação processual da pessoa jurídica, que esta tem os direitos e as obrigações previstos para a pessoa física nas leis processuais que lhe sejam aplicáveis (artigos 11.º a 21.º)[19].

Também os ordenamentos jurídicos que seguem o modelo da responsabilidade administrativa/contraordenacional das pessoas coletivas preveem normas de natureza processual específicas. É o que sucede com o italiano e o alemão, com a particularidade de as pessoas coletivas serem sancionadas por um tribunal penal. Pelo mesmo tribunal que responsabiliza penalmente as pessoas singulares que são agentes da prática do facto que também é imputado à pessoa coletiva e que a responsabiliza administrativa ou contraordenacionalmente (artigos 34.º e 36.º do Decreto Legislativo italiano 231/2001 e § 444 do CPP alemão). Poder-se-á falar aqui, com palavras de Mario Chiavario, de um "microssistema processual", complementar ao processual penal, que, no direito italiano, legitimará até a caraterização da responsabilidade das pessoas jurídicas como responsabilidade "parapenal"[20].

[18] Sobre os aspetos processuais da lei, Soto Díaz, "La responsabilidade de las personas jurídicas en Chile", p. 409 e ss.

[19] Sobre os aspetos processuais da lei, Edgardo Donna, "Compliance y la persona jurídica en el Derecho Penal argentino", p. 1379 e ss.

[20] Cf. *Diritto Processuale Penale*, p. 953. Quanto à natureza jurídica da responsabilidade das pessoas jurídicas em Itália – administrativa, penal ou híbrida – e sobre as normas de natureza processual da lei italiana, cf. ainda, Ombretta Di Giovine, "Lineamenti sostanziali del nuovo illecito punitivo", p. 10 e ss., Rosa Anna Ruggiero, "Cracking down on corporate crime in Italy", p. 407 e s., Silvia Renzetti, "La responsabilità "amministrativa dipendente da reato" degli enti nel sistema italiano", pp. 1548 e ss. e 1560 e ss.

Enquanto o ordenamento jurídico italiano prevê normas de natureza processual específicas, nomeadamente em matéria de representação da pessoa coletiva no processo, de defesa oficiosa, de contumácia, de modificações da pessoa coletiva no decurso do processo, de notificações, de prova e de medidas cautelares (artigos 39.º a 54.º); o alemão, remete especificamente para normas de processo penal, criando assim um regime processual especial para as pessoas coletivas.

Na América Latina, no Brasil, a Lei n.º 12 846, de 1 de agosto de 2013, que dispõe sobre a responsabilização administrativa (e civil) de pessoas jurídicas pela prática de atos contra a administração pública, nacional ou estrangeira, e outras providências, também prevê normas processuais específicas, por via do Decreto n.º 8 420, de 18 de março de 2015, que a regulamenta, prevendo, nomeadamente, uma forma de processo específica (Processo Administrativo de Responsabilização – PAR), regras sobre o modo de comunicar intimações e o acompanhamento do processo por parte da pessoa jurídica, por meio dos seus representantes legais ou procuradores (artigos 2.º a 14.º). O mesmo já não sucede, porém, ao nível da responsabilidade penal.

O Brasil mantém-se fiel à regra segundo a qual só as pessoas singulares são suscetíveis de responsabilidade criminal, admitindo-se, excecionalmente, na Lei n.º 9.605/98, também conhecida como Lei de Crimes Ambientais, a responsabilidade penal das pessoas jurídicas (artigo 3.º), em face do disposto no artigo 225.º, § 3.º da Constituição da República Federativa do Brasil. Contudo, os artigos da lei sobre a ação e o processo penal são totalmente omissos quanto às pessoas jurídicas (artigos 26.º a 28.º). A inexistência de normas de natureza processual que levem em consideração a especial natureza das pessoas jurídica já foi até vista como uma violação do princípio constitucional do devido processo legal (artigo 5.º, inciso LIV, da Constituição)[21].

[21] Assim, SALOMÃO SHECAIRA, *Responsabilidade penal da pessoa jurídica*, p. 161. Em geral, p. 154 e ss. Criticamente, sobre as questões sem resposta do legislador ao nível do processo penal brasileiro, ANDRADE MOREIRA, "Responsabilidade penal da pessoa jurídica e o sistema processual penal", p. 341 e ss. Em sentido divergente, concluindo que não fazem falta normas de natureza processual específicas, ADA PELLIGRINI GRINOVER, "Aspetos processuais da responsabilidade penal da pessoa jurídica", p. 46 e ss.

4. A sobrevivência de legislação que não contempla normas de natureza processual específicas em matéria de responsabilidade penal das pessoas coletivas não é, porém, acompanhada de jurisprudência relevante que saliente a ausência de tais normas. Sabendo-se como se sabe, segundo *Estatísticas da Justiça*, atualizadas em 31 de outubro de 2019, que entre 2007 e 2018 foram condenadas 23 672 pessoas coletivas em processos findos em tribunais de 1.ª instância, é singular que a problemática atinente ao processo penal da pessoa coletiva arguida tenha expressão reduzida na jurisprudência dos tribunais superiores, no que é acompanhada de uma utilização parcimoniosa de instrumentos hierárquicos de uniformização da ação do Ministério Público.

A expressão reduzida que a problemática tem na jurisprudência dos tribunais superiores cinge-se aos tribunais da relação. As regras vigentes sobre recorribilidade das decisões tiradas em recurso pelos tribunais da relação, assentes na gravidade da pena concreta de prisão em que o arguido é condenado, terão também contribuído para a inexistência de jurisprudência do Supremo Tribunal de Justiça[22]. Todavia não justificam plenamente o fenómeno: já anteriormente a 2007 havia responsabilidade criminal das pessoas coletivas, dependendo então a recorribilidade das decisões em segundo grau da gravidade abstrata do crime objeto de condenação. Tudo isto contrasta com a jurisprudência, cada vez mais abundante de tribunais superiores como, por exemplo, a do Tribunal Supremo espanhol[23].

Quanto aos instrumentos hierárquicos, há apenas duas Circulares do Procurador-Geral da República atinentes à pessoa coletiva arguida – Circulares n.ºs 1/2009, de 19 de janeiro, e 4/2011, de 10 de outubro – de conteúdo em grande parte coincidente[24]. Além das mencionadas, em matéria processual penal mas não relativamente aos casos em que o arguido é pessoa coletiva, há ainda a Circular n.º 12/2004, de 23 de setembro, sobre a legitimidade para a apresentação de queixa nos crimes

[22] Cf. *infra* Parte I, ponto 11.

[23] Para a relevância dessa jurisprudência, cf. GÓMEZ-JARA, *El Tribunal Supremo ante la Responsabilidad Penal de las Personas Jurídicas. El inicio de una larga andadura* e PÉREZ-CRUZ MARTÍN, "Las respuestas de la Sala 2.ª del Tribunal Supremo a algunas cuestiones procesales en torno a la responsabilidade penal de las personas jurídicas", p. 239 e ss.

[24] Disponíveis em www.ministeriopublico.pt. Cf. *infra* Parte I, ponto 1.

de natureza semipública em que sejam ofendidas pessoas coletivas. Determina-se que se considera "validamente apresentada a queixa subscrita por pessoa a elas ligada por relação de trabalho ou de outra natureza, quando quem subscreve a denúncia estiver munido de poderes para o efeito, sem necessidade de tais poderes estarem referidos a um específico caso concreto".

O que acabámos de notar contrasta com o conteúdo das Circulares espanholas da *Fiscalia General del Estado* 1/2011, de 1 de junho, *relativa a la responsabilidade penal de las personas jurídicas conforme a la reforma del código penal efectuada por ley orgânica número 5/2010*, na sequência da introdução em 2010 da responsabilidade penal das pessoas jurídicas no CP e na falta de normas de natureza processual específicas, e 1/2016, de 22 de janeiro, *sobre la responsabilidad de las personas jurídicas conforme a la reforma del código penal efectuada por ley orgânica 1/2015*, na decorrência das alterações introduzidas no Código em 2015[25].

A necessidade premente de prever normas de natureza processual penal específicas no ordenamento jurídico português tem vindo a ser reconhecida pela doutrina portuguesa, sem qualquer ressonância, porém, no legislador[26]. Como exemplarmente salienta Costa Andrade, "mesmo descontada a circunstância de poderem ocorrer aqui problemas cuja solução tenha de ser expressa e diretamente oferecida pela lei (*reserva de lei*), o legislador não pode deixar uma área problemática tão extensa e tão densificada de conflitualidade, pura e simplesmente abandonada às forças da doutrina e da jurisprudência. No contexto de um direito de modelo continental cabe ao legislador desenhar e sancionar o travejamento basilar do direito processual penal das pessoas coletivas. Tarefa que postula um conjunto mais ou menos acabado de normas a funcionar não só como polarizadores de opções normativas, mas também como irrenunciáveis fatores de estabilização e garantes daqueles

[25] Disponíveis em www.fiscal.es

[26] Já neste sentido, Reis Bravo, "Incidências processuais da punibilidade dos entes coletivos", pp. 52 e 98, e Germano Marques da Silva, "Questões processuais na responsabilidade cumulativa das empresas e seus gestores", p. 790. Mais recentemente, Figueiredo Dias, "Sobre a vigência tricenal do Código de Processo Penal Português", p. 144 e ss., e Costa Andrade, *"Bruscamente no Verão passado", a reforma do Código de Processo Penal. Observações críticas sobre uma Lei que podia e devia ter sido diferente*, p. 98 e ss.

limiares mínimos de igualdade, sem os quais não se pode falar de direito. Menos ainda de justiça"[27].

Na falta de um regime jurídico processual penal próprio da pessoa coletiva arguida, resta-nos mostrar a necessidade e a premência de tal previsão e discutir alguns pontos de um regime que pecará sempre por ser tardio, com o olhar nas soluções e na experiência de outros ordenamentos jurídicos, no modelo substantivo de imputação da responsabilidade penal às pessoas coletivas e no que deve ser o seu estatuto processual penal quando sejam arguidas.

[27] *"Bruscamente no Verão passado", a reforma do Código de Processo Penal. Observações críticas sobre uma Lei que podia e devia ter sido diferente*, p. 104.

I. A doutrina e a jurisprudência portuguesas na ausência de um regime legal específico sobre a pessoa coletiva arguida em processo penal

Um dos papéis que a pessoa coletiva pode assumir no processo penal português é o de *arguida*. O critério de determinação de quem pode ser arguido em processo penal além das pessoas singulares reside em determinar quem pode ser sujeito da prática do crime, além destas. Assim, podem ser arguidas em processo penal as pessoas coletivas e as entidades equiparadas[28], que cometam algum dos crimes previstos no n.º 2 do artigo 11.º do CP, com exclusão do Estado, de pessoas coletivas com prerrogativas de poder público e de organizações de direito internacional público, ou algum dos crimes previstos na legislação extravagante, relativamente aos quais poderá não valer essa exclusão[29]. Segundo o

[28] Temos usado e continuaremos a usar, doravante, a expressão "pessoas coletivas", por facilidade de expressão, cientes da extensão às entidades equiparadas.
[29] Dão nota da discrepância entre a ressalva que é feita no n.º 2 do artigo 11.º e a que não é feita na legislação extravagante, Germano Marques da Silva, *Responsabilidade Penal das Sociedades e dos seus Administradores e Representantes*, p. 14 e ss., Costa Andrade, *"Bruscamente no Verão passado", a reforma do Código de Processo Penal. Observações críticas sobre uma Lei que podia e devia ter sido diferente*, nota 17, e Susana Aires de Sousa, *"Societas publicas (non) delinquere potest*: reflexões sobre a irresponsabilidade dos entes públicos no ordenamento jurídico português" e *Questões Fundamentais de Direito Penal Empresarial*, p. 104 e ss. e, em especial, p. 113 e s., entre outras discrepâncias. A questão subsiste, não obstante a redação vigente do artigo 11.º, na sequência da Lei n.º 30/2015, de 22 de abril.

n.º 6 do artigo 11.º, consideram-se entidades equiparadas a pessoas coletivas, as sociedades civis e as associações de facto, devendo notar-se que nem sempre coincidem com estas as entidades equiparadas previstas na legislação extravagante.

A ausência de normas de natureza processual penal específicas abriu espaço ao labor doutrinal e jurisprudencial e ao recurso às regras de integração de lacunas previstas no artigo 4.º do CPP: à aplicação por analogia, à aplicação de normas de processo civil que se harmonizem com o processo penal e à aplicação dos princípios gerais do processo penal. E também espaço à crítica da "substituição" do legislador pelo juiz (artigo 165.º, n.º 1, alínea *c)*, da CRP), num domínio em que vale o conteúdo de sentido do princípio da legalidade criminal (artigos 29.º, 32.º, n.º 1, da CRP)[30].

Na ausência de normas de natureza processual penal específicas, a doutrina, a jurisprudência e a Procuradoria-Geral da República portuguesas têm levantado questões e apontado soluções, têm interpretado extensivamente algumas disposições do CPP e têm identificado lacunas em vários pontos do regime jurídico, nem sempre integráveis nos termos do artigo 4.º deste Código. Por vezes, o que sucede é mesmo tão só uma deficiente perceção do sentido da responsabilidade penal das pessoas coletivas por contraposição à das pessoas individuais, num exercício de confusão e assimilação entre uma e outra. Apresentamos de seguida o resultado de um tal labor, não propriamente com a preocupação de o esgotar, mas antes com a intenção de mostrar a premência e a necessidade da criação legislativa de normas específicas.

1. Constituição de arguido

A regra legal é a de que assume a qualidade de arguido todo aquele contra quem for deduzida acusação ou requerida instrução num processo penal, segundo o estabelecido no artigo 57.º, n.º 1, do CPP, havendo, porém, casos de constituição obrigatória, antes desses momentos processuais, nomeadamente os previstos no artigo 58.º, n.º 1, do CPP. Segundo o artigo 60.º do Código, a constituição de arguido investe a pessoa (indi-

[30] Sobre isto, com referências à jurisprudência constitucional, Maria João Antunes, *Direito Processual Penal*, p. 26 e s.

vidual ou coletiva) em determinada posição processual que lhe assegura o exercício de direitos e de deveres processuais, sem prejuízo da aplicação de medidas de coação e de garantia patrimonial e da efetivação de diligências probatórias, nos termos especificados na lei[31].

Considerando que muito embora o artigo 58.º, n.º 1, estabeleça as situações em que é obrigatória a constituição de arguido, o Procurador-Geral da República verificou que, com alguma frequência, havia situações em que, podendo a responsabilidade criminal ser imputável a pessoas coletivas e aos respetivos administradores ou gerentes, apenas estes, mas não aquelas, eram constituídos como arguidos. Determinou, por isso, por via da Circular n.º 1/2009, de 19 de janeiro, que "nos casos em que existam fundadas suspeitas da prática de factos ilícitos penalmente imputáveis a uma pessoa coletiva, os Magistrados e Agentes do Ministério Público deverão instruir o órgão de polícia criminal, no qual deleguem competência para a investigação ou a realização de diligências, no sentido de procederem à sua constituição como arguida, através dos seus atuais representantes legais". E que "a constituição da pessoa coletiva como arguida não prejudica, obviamente, a eventual constituição e interrogatório como arguidos dos representantes legais da pessoa coletiva que possam ser pessoal e individualmente responsabilizados pelos factos que constituem objeto do inquérito".

Posteriormente a Circular do Procurador-Geral da República n.º 1/2009 foi revogada pela Circular n.º 4/2011, de 10 de outubro, instrumento que integrou totalmente o conteúdo da primeira, acrescentando que a constituição da pessoa coletiva como arguida através dos seus atuais representantes legais também se aplica "no caso de ter sido declarada a insolvência da pessoa coletiva, mantendo-se, até ao encerramento da liquidação, a representação legal nos termos estatutários". Verificou-se então que havia "divergência de entendimento sobre quem deverá representar a pessoa coletiva no ato de constituição como arguida e, bem assim, nos posteriores atos de processo penal, designadamente no seu interrogatório, quando aquela tenha sido declarada insolvente e até ao encerramento da liquidação"[32]. Importou, por isso,

[31] Sobre o momento e o modo da constituição de arguido e a posição processual que daí advém, MARIA JOÃO ANTUNES, *Direito Processual Penal*, p. 36 e ss.

[32] Cf. *infra* ponto 2. o que se diz sobre a representação da pessoa coletiva no processo em caso de declaração de insolvência.

"uniformizar procedimentos tendo em consideração, nomeadamente, o disposto no artigo 82.º, n.º 1, do Código de Insolvência e Recuperação de Empresas".

Saber se os fundamentos da constituição de arguido de pessoa coletiva, designadamente os das alíneas *a), b)* e *d)*, do n.º 1 do artigo 58.º, devem ser tão exigentes quanto os da constituição de arguido de pessoa individual é questão deixada em aberto em ambas as Circulares, não obstante não ser por todos respondida afirmativamente sem reservas[33].

Outras interrogações prendem-se com o disposto no artigo 59.º, n.ºs 1 e 3, do CPP. Se, durante a inquirição de representante legal da pessoa coletiva que não é arguida, surgir fundada suspeita de crime por ela cometido, pergunta-se se é ou não defensável que a entidade que proceda ao ato o suspenda de imediato, lhe comunique que a partir desse momento a pessoa coletiva se considera arguida no processo e lhe comunique os direitos e deveres processuais referidos no artigo 61.º, que por essa razão passam a caber-lhe. Na hipótese de estarem a ser efetuadas diligências destinadas a comprovar a imputação da prática de um crime à pessoa coletiva, que a afetem *como instituição*, a dúvida que se põe é a de saber se o representante legal pode pedir desde logo a constituição de arguido da pessoa coletiva ou se, ao invés, é necessária uma deliberação societária nesse sentido[34].

2. Representante da pessoa coletiva no processo e defensor da arguida

O CPP é totalmente omisso quanto à representação da pessoa coletiva arguida no processo penal. É totalmente omisso quanto a saber quem é o "rosto visível", a "cara", da pessoa coletiva no decurso do processo.

[33] Reis Bravo, *Direito Penal de Entes Coletivos. Ensaio sobre a Punibilidade de Pessoas Coletivas e Entidades Equiparadas*, p. 311, pronuncia-se no sentido de que os fundamentos da constituição de arguido de pessoa coletiva "não terão de ser tão exigentes". Responde afirmativamente, sem qualquer reserva, Pinto de Albuquerque, *Comentário do Código de Processo Penal à luz da Constituição da República e da Convenção Europeia dos Direitos do Homem*, comentário ao artigo 58.º, Nm. 17.

[34] Sobre o artigo 59.º do CPP, Inês Godinho, "Pessoas coletivas e processo penal: alguns apontamentos de uma tentativa impossível", p. 60 e s., e Pinto de Albuquerque, *Comentário do Código de Processo Penal à luz da Constituição da República e da Convenção Europeia dos Direitos do Homem*, comentário ao artigo 59.º, Nms. 4 e 5.

Entre nós é consensual que quem representa a pessoa coletiva arguida no processo penal não se confunde com o defensor. Mas já não reúne o mesmo consenso a resposta à questão de saber quem pode ser o seu representante.

2.1. Representante da pessoa coletiva

Como a lei processual penal é omissa, tem vindo a integrar-se a lacuna por recurso às normas do processo civil, nos termos do disposto no artigo 4.º do CPP. Concretamente por recurso aos artigos 25.º, n.º 1, e 26.º do CPC, segundo os quais *as pessoas coletivas e as sociedades são representadas por quem a lei, os estatutos ou o pacto social designarem*, sendo as *entidades que careçam de personalidade jurídica representadas pelas pessoas que ajam como diretores, gerentes ou administradores*[35]. Sem prejuízo de a pessoa coletiva poder indicar outro representante, com respeito pelo seu pacto social[36].

Entende, porém, uma parte da doutrina que já não se harmoniza com o processo penal o disposto no n.º 2 do artigo 25.º, segundo o qual, *sendo demandada pessoa coletiva ou sociedade que não tenha quem a represente, ou ocorrendo conflito de interesses entre a ré e o seu representante, o juiz da causa designa representante especial, salvo se a lei estabelecer outra forma de assegurar a respetiva representação em juízo.* Em tais casos deve caber à pessoa coletiva

[35] Assim, Castro e Sousa, *As pessoas coletivas em face do direito criminal e do chamado "direito de mera ordenação social"*, p. 156 e s., Germano Marques da Silva "Questões processuais da responsabilidade penal das pessoas coletivas", p. 157 e s., Pinto de Albuquerque, *Comentário do Código de Processo Penal à luz da Constituição da República e da Convenção Europeia dos Direitos do Homem*, comentário ao artigo 57.º, Nm. 13. Vai neste sentido também o Parecer do Conselho Consultivo da Procuradoria-Geral da República de 7 de julho de 1994 e as Circulares do Procurador-Geral da República de 2009 e 2011. Entende também que a representação da pessoa coletiva em julgamento cabe ao representante legal, Mário Pedro Meireles, "A responsabilidade penal das pessoas coletivas ou entidades equiparadas na recente alteração ao Código Penal ditada pela Lei 59/2007, de 4 de setembro: algumas notas", p. 136, entendendo, porém, que já poderá ser alguém designado para o efeito se o representante legal na altura do julgamento for diferente do que representava legalmente a pessoa coletiva no momento da prática do facto. No sentido de que pode ser do interesse da pessoa coletiva haver alguma "maleabilidade" de representação, Carlos Adérito Teixeira, "A pessoa coletiva como sujeito processual ou a 'descontinuidade' processual da responsabilidade penal", p. 106 e s.

[36] Assim, António Gama, *Comentário Judiciário do Código de Processo Penal*, comentário ao artigo 140.º, § 20.

a indicação de quem a representa no processo penal. Não se harmoniza com o processo penal caber ao juiz (ou ao ministério público, na fase de inquérito) designar um representante da pessoa coletiva no processo penal, bem como a escolha de quem a representa havendo mais do que um representante legal[37].

É consensual que o representante da pessoa coletiva seja aquele que for o representante legal ao tempo do ato processual em causa e não o representante legal ao tempo da prática do crime em investigação, uma vez que a representação da pessoa coletiva é algo distinto da responsabilidade criminal individual do representante legal[38]. Além de que a representação da pessoa coletiva arguida no processo não é assegurada pelas pessoas que nela ocupem uma posição de liderança, cuja ação ou omissão constitui o nexo de imputação de responsabilidade criminal à pessoa coletiva.

Tem sido objeto da jurisprudência portuguesa a questão de saber quem representa a sociedade arguida quando haja declaração de insolvência, havendo consenso alargado no sentido de não ser o administrador da insolvência, mas antes o representante legal da mesma à data da declaração de insolvência. Entende-se que se mantém em funções após a declaração, nos termos prescritos no artigo 82.º, n.º 1, do Código da

[37] Assim, Reis Bravo, "Incidências processuais da punibilidade dos entes coletivos", p. 66 e s., Carlos Adérito Teixeira, "A pessoa coletiva como sujeito processual ou a 'descontinuidade' processual da responsabilidade penal", p. 107 e s., e Inês Godinho, "Pessoas coletivas e processo penal: alguns apontamentos de uma tentativa impossível", pp. 57 e s. e 73, admitindo os autores que só excecionalmente possa haver designação por parte da autoridade judiciária. Em sentido divergente, Castro e Sousa, *As pessoas coletivas em face do direito criminal e do chamado "direito de mera ordenação social"*, p. 156 e s., Germano Marques da Silva "Questões processuais da responsabilidade penal das pessoas coletivas", p. 158 e s., e Pinto de Albuquerque, *Comentário do Código de Processo Penal à luz da Constituição da República e da Convenção Europeia dos Direitos do Homem*, comentário ao artigo 57.º, Nm. 16, entendendo este autor que a autoridade judiciária competente é o juiz de instrução na fase de inquérito. Entendemos, diferentemente, caso se defenda esta posição, que não se trata aqui do exercício de uma qualquer função jurisdicional que torne necessária a intervenção de um juiz.

[38] Neste sentido, Germano Marques da Silva "Questões processuais da responsabilidade penal das pessoas coletivas", p. 158, Carlos Adérito Teixeira, "A pessoa coletiva como sujeito processual ou a 'descontinuidade' processual da responsabilidade penal", p. 110 e s., e Pinto de Albuquerque, também sobre o que se diz em seguida, *Comentário do Código de Processo Penal à luz da Constituição da República e da Convenção Europeia dos Direitos do Homem*, comentário ao artigo 57.º, Nm. 14.

Insolvência e da Recuperação de Empresas, em tudo o que seja alheio à administração e disposição da massa insolvente ou que não implique a representação do devedor para os efeitos de carácter patrimonial que interessem à insolvência[39].

2.2. Defensor da arguida

Como o CPP prevê casos em que é obrigatória a assistência do defensor, é doutrinalmente aceite a extensão dessa obrigatoriedade às situações em que seja arguida uma pessoa coletiva. A pessoa coletiva é obrigatoriamente assistida, entre outros atos processuais, no debate instrutório e na audiência (alínea *c)* do n.º 1 do artigo 64.º), na audiência de julgamento realizada na ausência do representante da arguida no processo (artigos 64.º, n.º 1, alínea *g)*, 325.º, n.ºs 4 e 5, e 332.º, n.ºs 5 e 6) e nos recursos ordinários e extraordinários (alínea *e)* do n.º 1 do artigo 64.º)[40].

3. Medidas de coação e de garantia patrimonial

Desde o momento em que uma pessoa adquirir a qualidade de arguido podem ser-lhe aplicadas medidas de coação e de garantia patrimonial (artigo 60.º do CPP), com observância dos princípios e das condições legalmente consagradas (artigo 196.º e ss. do CPP).

Há unanimidade quanto à aplicabilidade das medidas de garantia patrimonial legalmente previstas à pessoa coletiva que seja arguida em processo penal, ou seja, relativamente à aplicabilidade da caução

[39] Na jurisprudência, cf. Acórdãos do Tribunal da Relação de Lisboa, de 13 de setembro de 2011 (Processo 142/10.4IDSTB-A.L1-5) e de 12 de outubro de 2011 (Processo 674/08.4IDLSB-A.L1-3), do Tribunal da Relação de Évora de 15 de outubro de 2013 (Processo 33/10.9IDEVR.E1) e do Tribunal da Relação de Coimbra de 25 de junho de 2014 (Processo 2140/06.3TAAVR-A.C1). E, no mesmo sentido, a Circular n.º 4/2011 do Procurador-Geral da República, de 10 de outubro. Na doutrina, Germano Marques da Silva "Questões processuais da responsabilidade penal das pessoas coletivas", p. 159. Em sentido divergente, Ana Mexia, "A intervenção do administrador da insolvência no processo penal em representação e defesa da pessoa coletiva insolvente e arguida", p. 633 e ss.

[40] Assim, Pinto de Albuquerque, *Comentário do Código de Processo Penal à luz da Constituição da República e da Convenção Europeia dos Direitos do Homem*, comentário ao artigo 64.º, Nm. 11, e Tiago Caiado Milheiro, *Comentário Judiciário do Código de Processo Penal*, comentário ao artigo 64.º, § 29.

económica e do arresto preventivo, incluído o arresto que garante a perda alargada de bens a favor do Estado (artigos 227.º e 228.º do CPP e 10.º da Lei n.º 5/2002, de 11 de janeiro)[41]. Quanto às medidas de coação, a necessidade de normas específicas é algo que é apontado de imediato, tanto mais quanto há medidas de coação cuja aplicabilidade às pessoas coletivas está excluída à partida. É o que sucede com a obrigação de apresentação periódica, a proibição e imposição de condutas, a obrigação de permanência na habitação e a prisão preventiva (artigos 198.º, 200.º, 201.º e 202.º do CPP). Há mesmo quem sustente que lhes é aplicável somente a medida de coação de suspensão do exercício de atividades e mais amplamente esta medida de coação bem como as de suspensão da administração de bens ou da emissão de títulos de crédito, de proibição de contactos, de proibição de adquirir ou usar certos objetos e de obrigação de entrega, no prazo que lhe for fixado, de certos objetos[42]. Por outro lado, o requisito geral de verificação de fuga ou perigo de fuga no momento da aplicação da medida é absolutamente imprestável quando o arguido é pessoa coletiva (artigo 204.º, alínea *a)*, do CPP).

Dependendo como dependem, à exceção do termo de identidade e residência, da imputação de crime punível com pena de prisão (em especial, artigos 197.º e 199.º do CPP), equaciona-se se as medidas de coação previstas no Código são aplicáveis às pessoas coletivas[43]. Para

[41] Assim, Reis Bravo, *Direito Penal de Entes Coletivos. Ensaio sobre a Punibilidade de Pessoas Coletivas e Entidades Equiparadas*, p. 334 e ss., Germano Marques da Silva, "Questões processuais da responsabilidade penal das pessoas coletivas", p. 162, e Mário Pedro Meireles, "A responsabilidade penal das pessoas coletivas ou entidades equiparadas na recente alteração ao Código Penal ditada pela Lei 59/2007, de 4 de setembro: algumas notas", p. 134.

[42] Assim, respetivamente, Reis Bravo, *Direito Penal de Entes Coletivos. Ensaio sobre a Punibilidade de Pessoas Coletivas e Entidades Equiparadas*, p. 333 e s., e Pinto de Albuquerque, *Comentário do Código de Processo Penal à luz da Constituição da República e da Convenção Europeia dos Direitos do Homem*, comentário aos artigos 58.º, Nm. 19, e 192.º, Nm. 5. Cf. *infra* Parte V, ponto 2.

[43] Em sentido afirmativo, Germano Marques da Silva, "Questões processuais da responsabilidade penal das pessoas coletivas", p. 162, alterando entendimento anterior ("Questões processuais na responsabilidade cumulativa das empresas e seus gestores", p. 797), Reis Bravo, "Incidências processuais da punibilidade dos entes coletivos", p. 73, e *Direito Penal de Entes Coletivos. Ensaio sobre a Punibilidade de Pessoas Coletivas e Entidades Equiparadas*, p. 333, e Inês Godinho, "Pessoas coletivas e processo penal: alguns apontamentos de uma tentativa impossível", p. 68 e s. Em sentido divergente, Mário Pedro Meireles, "A responsabilidade penal das pessoas coletivas ou entidades equiparadas na recente alteração ao Código Penal ditada pela Lei 59/2007, de 4 de setembro: algumas notas", p. 134, e Carlos Adérito

quem entenda que só o termo de identidade é aplicável torna-se particularmente premente a intervenção do legislador nesta matéria, não obstante se poder concluir, ainda assim, como faz Pinto Albuquerque, que "nem a letra nem a *mens legislatoris* integram a pessoa coletiva no âmbito de aplicação do artigo 196.º, como resulta até da designação do termo como "termo de residência". Entende, porém, o autor que "a norma do artigo 196.º pode ser aplicada analogicamente às pessoas coletivas ou equiparadas logo que sejam arguidas em processo penal, tendo em conta que se trata de uma norma geral aplicável a todos os arguidos e se verificam em relação às pessoas coletivas ou equiparadas arguidas as mesmas razões de necessidade de contacto e comunicação das autoridades com as pessoas físicas arguidas que justificam a aplicação do termo"[44].

Ainda que o termo de identidade e residência seja aplicável às pessoas coletivas arguidas em processo penal (artigo 196.º do CPP), prestando-o o seu representante, importa saber se a residência escolhida, para o efeito de ser notificada, pode ser a sede da pessoa coletiva ou deve ser antes a residência do representante; se, em caso de substituição do representante, é este quem tem o dever de comunicar a alteração; e se sobre o representante impende o dever de comunicar nova residência ou o lugar onde possa ser encontrado, se dela mudar ou se ausentar por mais de cinco dias. Já se decidiu, pertinentemente, que "não podem, porém, ser aplicadas ao legal representante da sociedade arguida, que nessa qualidade subescreve o TIR, as obrigações inerentes ao TIR prestado por pessoa singular, designadamente a proibição de mudar de residência ou de dela se ausentar por mais de 5 dias sem comunicar a nova residência ou o lugar onde possa ser encontrado: o TIR é obrigatório tão só em relação àquele que for constituído arguido"[45].

Mais amplamente, Costa Andrade interroga-se sobre se se justifica fazer impender sobre o representante da pessoa coletiva a compressão

Teixeira, "A pessoa coletiva como sujeito processual ou a 'descontinuidade' processual da responsabilidade penal", p. 159. Na jurisprudência, neste último sentido, cf. Ac. da Relação de Lisboa de 30 de outubro de 2019, Processo 1655/13.TDLSB-A.L1 (ainda não disponível).

[44] Cf. *Comentário do Código de Processo Penal à luz da Constituição da República e da Convenção Europeia dos Direitos do Homem*, comentário ao artigo 196.º, Nms. 9 e 10.

[45] Cf. Ac. do Tribunal da Relação do Porto de 10 de novembro de 2010 (Processo 1223/07.7TAVCD-A.P1). Em sentido divergente, Germano Marques da Silva, "Questões processuais da responsabilidade penal das pessoas coletivas", p. 163.

da liberdade que está associada à prestação de termo de identidade e residência, se e em que medida se justifica o cerceamento da autonomia de uma pessoa (física) para acautelar interesses heterónomos, tanto mais quanto o representante pode até ser estranho ao facto criminal de cuja perseguição se trata[46].

4. Meios de obtenção da prova e ações encobertas

Entre os meios de obtenção da prova previstos no CPP as buscas e as escutas telefónicas são os que mais se destacam quando a doutrina e a jurisprudência indagam dos termos da sua aplicabilidade às pessoas coletivas. Até porque há meios de obtenção da prova que são de excluir, como, por exemplo, a revista de alguém em relação à qual haja indícios de que oculta na sua *pessoa* quaisquer objetos relacionados com um crime ou que possam servir de prova (artigo 174.º, n.º 1, do CPP).

Segundo o regime das ações encobertas para fins de investigação, constante da Lei n.º 101/2001, de 25 de agosto, as ações podem ser desenvolvidas por *terceiro* atuando sob o controlo da Polícia Judiciária para repressão dos crimes indicados nesta lei. Como em relação a alguns deles a pessoa coletiva pode ser responsabilizada criminalmente e assumir, por isso, a posição de arguida, é pertinente a interrogação de Carlos Adérito Teixeira quanto a saber se "a ação encoberta pode ser desencadeada por terceiro – como elemento avançado – que seja trabalhador ou dos quadros intermédios ou mesmo técnicos da empresa", tendo em vista a investigação de crimes que lhe são imputados[47].

4.1. Buscas

A busca de quaisquer objetos relacionados com um crime ou que possam servir de prova, ou de arguido ou de pessoa que deva ser detida, *que se encontrem em lugar reservado ou não livremente acessível ao público* está prevista no artigo 174.º, n.º 2, do CPP. Segundo o artigo 177.º do CPP, é da competência reservada de um juiz a busca em casa *habitada ou numa sua*

[46] Cf. *"Bruscamente no Verão passado", a reforma do Código de Processo Penal. Observações críticas sobre uma Lei que podia e devia ter sido diferente*, p. 102 e s.

[47] Cf. Carlos Adérito Teixeira, "A pessoa coletiva como sujeito processual ou a 'descontinuidade' processual da responsabilidade penal", p. 154 e s.

dependência fechada, uma vez que a entrada no *domicílio dos cidadãos* contra a sua vontade só pode ser ordenada pela autoridade judicial competente, nos casos e segundo as formas previstos na lei, de acordo com o preceituado no artigo 34.º, n.º 3, da CRP.

A questão de saber se a busca na sede ou nas instalações da pessoa coletiva é ou não da competência reservada de um juiz tem vindo a ser respondida negativamente, entendendo-se que não lhe é aplicável o artigo 177.º do CPP[48].

Mas subsistem outras questões, nomeadamente a que se põe relativamente à prestação de consentimento pelo visado, para o efeito previsto no n.º 5, alínea *b)* do artigo 174.º do CPP. Concretamente se o consentimento pode ser prestado por quem tem a disponibilidade do local, se tem de ser prestado pelo representante legal da pessoa coletiva ou se pode antes ser prestado segundo o critério do "responsável da unidade", da unidade produtiva, do serviço ou da dependência[49].

4.2. Escutas telefónicas

As conversações ou comunicações telefónicas e as transmitidas por qualquer outro meio técnico diferente do telefone, designadamente correio eletrónico ou outras formas de transmissão de dados por via telemática, mesmo que se encontrem gravadas em suporte digital, podem ser intercetadas e gravadas, nos termos do disposto nos artigos 187.º a 189.º do CPP. Nos mesmos termos e ao abrigo das mesmas disposições legais, pode ainda ter lugar a interceção das comunicações entre presentes.

A circunstância de a pessoa coletiva poder ser um dos alvos da interceção e gravação, na qualidade de suspeita ou de arguida, ao abrigo da

[48] Cf. *infra* Parte II, ponto 2.4., a jurisprudência do TC. Na doutrina, Pinto de Albuquerque, *Comentário do Código de Processo Penal à luz da Constituição da República e da Convenção Europeia dos Direitos do Homem*, comentário ao artigo 177.º, Nm. 22, e Conde Correia, *Comentário Judiciário do Código de Processo Penal*, comentário aos artigos 174.º, § 29, e 175.º § 4.

[49] No primeiro sentido, cf. Ac. do Tribunal da Relação de Guimarães de 16 de outubro de 2006 (Processo 791/06-1); no segundo, Pinto de Albuquerque, *Comentário do Código de Processo Penal à luz da Constituição da República e da Convenção Europeia dos Direitos do Homem*, comentário ao artigo 174.º, Nm. 19; e no terceiro, Carlos Adérito Teixeira, "A pessoa coletiva como sujeito processual ou a 'descontinuidade' processual da responsabilidade penal", p. 151 e s.

alínea *a)* do n.º 4 do artigo 187.º do CPP, podendo também o ser pessoa que sirva de intermediário, relativamente à qual haja fundadas razões para crer que recebe ou transmite mensagens destinadas ou provenientes de suspeito ou arguido, segundo a alínea *b)* do n.º 4 do mesmo artigo, interroga o intérprete sobre quem pode ser concretamente escutado, desde as pessoas físicas que ocupam na pessoa coletiva uma posição de liderança aos trabalhadores indiferenciados.

Um princípio de resposta consistirá em dizer que podem ser escutados os que ocupem na pessoa coletiva uma posição de liderança ou os que ajam sob a autoridade dessas pessoas, atento o disposto no n.º 2 do artigo 11.º do CP, com a salvaguarda de que haja suspeita de que tenham atuado em nome e no interesse da pessoa coletiva; e que intermediário não pode ser uma qualquer pessoa física que na pessoa coletiva recebe e transmite mensagens destinadas ou provenientes da pessoa coletiva, sendo antes exigível que tais pessoas tenham uma relação direta com o crime em investigação[50].

5. Meios de prova

Entre os meios de prova previstos no CPP, as declarações prestadas por quem seja administrador da pessoa coletiva sem que a represente no processo penal e as prestadas pela pessoa coletiva arguida através do seu representante no processo, enquanto declarações de arguido, são as que mais têm ocupado a doutrina portuguesa.

5.1. Declarações de administrador que não represente a pessoa coletiva

Não havendo no CPP qualquer norma atinente ao regime das declarações do administrador da pessoa coletiva que não a represente no processo penal, a doutrina entende que intervém no processo na qualidade de testemunha quando presta depoimento (artigo 128.º e ss.). Intervindo nesta qualidade a regra é a de que a testemunha tem o dever de

[50] Sobre isto, Carlos Adérito Teixeira, "A pessoa coletiva como sujeito processual ou a 'descontinuidade' processual da responsabilidade penal", p. 155 e ss., e Pinto de Albuquerque, *Comentário do Código de Processo Penal à luz da Constituição da República e da Convenção Europeia dos Direitos do Homem*, comentário ao artigo 187.º, Nm. 17.

testemunhar e de responder com verdade às perguntas que lhe forem dirigidas, sob pena de incorrer em responsabilidade criminal (artigos 91.º, n.ºs 1, 3, primeira parte, e 4, 131.º, n.º 1, e 132.º, n.ºs 1 e 2, do CPP e 360.º do CP).

É, por isso, pertinente equacionar se o administrador testemunha pode ou não recusar o seu depoimento atento o disposto no artigo 134.º, n.º 1, do CPP. Como sobre a testemunha impende um dever de verdade e as suas declarações podem responsabilizar criminalmente o arguido, é o próprio legislador quem admite um desvio à regra quando intercedam relações de certo tipo entre este e as testemunhas[51], dispondo ao artigo 134.º, n.º 1, do CPP que podem recusar-se a depor os descendentes, os ascendentes, os irmãos, os afins até ao 2.º graus, os adotantes, os adotados, o cônjuge do arguido e quem tiver sido cônjuge do arguido, ou quem, sendo de outro ou do mesmo sexo, com ele conviver ou tiver convivido em condições análogas às dos cônjuges, relativamente a factos ocorridos durante o casamento ou a coabitação. Pergunta-se em face desta norma se também os administradores da pessoa coletiva arguida que não sejam seus representantes podem recusar o depoimento.

Não obstante o artigo 134.º não cuidar das declarações do administrador da pessoa coletiva que não a represente no processo penal, será de reconhecer a possibilidade de este se recusar a depor como testemunha, *certo como é que os valores ou interesses que presidem àquele dispositivo legal e justificam ali aquele direito não podem deixar de valer aqui, pelo menos por manifesta identidade de razões*[52].

5.2. Declarações da pessoa coletiva arguida

O arguido pode assumir um de três comportamentos processuais relativamente às perguntas que lhe sejam feitas sobre os factos que lhe são imputados e sobre o conteúdo das declarações que acerca deles prestar:

[51] Sobre o regime geral da prova testemunhal, MARIA JOÃO ANTUNES, *Direito Processual Penal*, pp. 125 e s. e 177 e s.

[52] Cf. COSTA ANDRADE, *"Bruscamente no Verão passado", a reforma do Código de Processo Penal. Observações críticas sobre uma Lei que podia e devia ter sido diferente*, p. 103 e s. Manifesta concordância, defendendo a aplicação analógica do artigo 134.º, PINTO DE ALBUQUERQUE, *Comentário do Código de Processo Penal à luz da Constituição da República e da Convenção Europeia dos Direitos do Homem*, comentário ao artigo 134.º, Nm. 12.

negar tais factos, confessá-los ou remeter-se ao silêncio (artigos 61.º, n.º 1, alínea *c)*, 140.º, 343.º, n.º 1, 344.º e 345.º, n.º 1, do CPP)[53].

O CPP é totalmente omisso em relação às declarações da pessoa coletiva arguida, aceitando-se que o arguido se possa remeter ao silêncio[54] e que as declarações possam ter lugar por intermédio de quem a represente no processo, incluindo a confissão integral e sem reservas dos factos que lhe são imputados, nos termos do disposto no artigo 344.º do CPP. Porém, a confissão do legal representante da pessoa coletiva arguida em processo penal só terá valor na medida em que quem a representa possa obrigar a pessoa coletiva. Entende-se que os simples poderes de representação não bastam, devendo tais poderes incluir também o poder específico de confessar os factos da acusação ou da pronúncia. Invoca-se para o efeito o artigo 287.º do CPC, segundo o qual os representantes das pessoas coletivas só podem confessar nos precisos limites das suas atribuições ou precedendo autorização especial[55].

Já são distintas as perguntas feitas ao arguido sobre a sua identidade. Quanto a estas, impende sobre o arguido o dever de responder e de responder com verdade às perguntas feitas por entidade competente, sob pena de incorrer em responsabilidade penal (artigos 61.º, n.º 3, alínea *b)*, 141.º, n.º 3, e 342.º do CPP e 359.º, n.º 2, do CP). Quando o arguido seja pessoa coletiva não é unânime o entendimento no sentido de se estender ao representante da arguida no processo um tal dever. De um lado, defende-se que os deveres da pessoa coletiva não incluem o dever de responder com verdade sobre a sua identidade, por um tal dever ser sancionado criminalmente (artigo 359.º do CP) e a pessoa coletiva responder

[53] Sobre o regime geral das declarações do arguido, MARIA JOÃO ANTUNES, *Direito Processual Penal*, pp. 126 e ss. e 178 e s.

[54] No sentido de ser razoável atribuir à pessoa coletiva o direito à não autoincriminação, SILVA DIAS / VÂNIA COSTA RAMOS, *O direito à não auto-incriminação (*nemo tenetur se ipsum accusare*) no processo penal e contra-ordenacional português*, p. 42. E, ainda, PINTO DE ALBUQUERQUE, *Comentário do Código de Processo Penal à luz da Constituição da República e da Convenção Europeia dos Direitos do Homem*, comentário ao artigo 61.º, Nm. 8, JÓNATAS MACHADO/ / VERA RAPOSO, "O direito à não-autoincriminação e as pessoas coletivas empresariais", p. 38 e ss., e GERMANO MARQUES DA SILVA, "Questões processuais da responsabilidade penal das pessoas coletivas", p. 166.

[55] Assim, PINTO DE ALBUQUERQUE, *Comentário do Código de Processo Penal à luz da Constituição da República e da Convenção Europeia dos Direitos do Homem*, comentário ao artigo 344.º, Nm. 25.

no processo por intermédio do seu legal representante, pelo que só com uma aplicação analógica da incriminação poderia incluir-se no seu âmbito o representante que faltasse à verdade quando questionado sobre a identidade da pessoa coletiva[56]; de outro, entende-se que tal dever impende sobre o representante no processo da pessoa coletiva arguida, não constituindo o artigo 359.º do CP qualquer óbice, por lhe ser aplicável por força do disposto no artigo 12.º do mesmo Código[57].

6. Competência dos tribunais

Em matéria de competência dos tribunais destaca-se a do tribunal singular para o julgamento de processos que respeitarem a crimes imputados a pessoa coletiva, no âmbito da competência material e funcional, e a competência por conexão em caso de responsabilidade cumulativa pela prática de crime imputado a pessoa coletiva e singular.

6.1. Competência do tribunal singular

Além de lhe cometer uma competência residual no n.º 1, o artigo 16.º do CPP atribui ao tribunal singular competência em função da gravidade do crime, da sua natureza e da maior ou menor facilidade de apreciação e valoração da prova por parte do tribunal de julgamento (n.ºs 2 e 3). Em função da gravidade do crime, o tribunal singular será competente para julgar os processos por crimes previstos na alínea *b)* do n.º 2 do artigo 14.º, mesmo em caso de concurso de infrações, quando o Ministério Público na acusação, ou, em requerimento, quando seja superveniente o conhecimento do concurso, entender que não deve ser aplicada, em concreto, pena de prisão superior a 5 anos.

Em face do previsto no artigo 16.º, n.º 3, é então equacionável se a pessoa coletiva é sempre julgada por um tribunal singular, por nunca lhe poder ser aplicada, *em concreto*, pena de prisão superior a 5 anos e,

[56] Cf. Pinto de Albuquerque, *Comentário do Código de Processo Penal à luz da Constituição da República e da Convenção Europeia dos Direitos do Homem*, comentário ao artigo 61.º, Nm. 12, e António Gama, *Comentário Judiciário do Código de Processo Penal*, comentário ao artigo 140.º, § 20.

[57] Cf. Germano Marques da Silva, "Questões processuais da responsabilidade penal das pessoas coletivas", p. 157.

portanto, ainda que a pessoa singular o não possa ser, à luz do mesmo critério. Sobram dúvidas quanto à possibilidade de diferenciar a tramitação processual na fase de julgamento da arguida pessoa coletiva em caso de responsabilidade cumulativa de uma e de outra[58].

6.2. Competência por conexão

Em matéria de conexão de processos, prevê-se nas alíneas *c)* e *d)* do artigo 24.º do CPP que há conexão quando o mesmo crime tiver sido cometido por vários agentes em comparticipação e quando vários agentes tiverem cometido diversos crimes em comparticipação, na mesma ocasião ou lugar, sendo uns causa ou efeito dos outros, ou destinando-se uns a continuar ou a ocultar os outros.

Não se enquadrando expressamente em nenhuma dessas alíneas a responsabilidade cumulativa da pessoa coletiva e da pessoa singular, defende-se a interpretação extensiva de uma ou de outa alínea, por ser a mesma a razão da determinação da conexão nos casos de comparticipação de vários crimes cometidos na mesma ocasião e lugar e de processamento conjunto de várias pessoas (individual e coletiva) a quem é imputado o mesmo crime. Conclui Germano Marques da Silva que "a razão do processamento conjunto vale tanto para os crimes cometidos em comparticipação ou na mesma ocasião ou lugar como, por ventura por maioria de razão, para os crimes em que ocorra responsabilidade cumulativa: é a economia processual relativa a muitos elementos de prova comuns"[59]. Admite-se, consequentemente, a separação de processos, a requerimento da pessoa singular ou da pessoa coletiva, nos termos do disposto no artigo 30.º Por exemplo, quando a pessoa singular esteja em prisão preventiva e houver razões para concluir que a investigação da responsabilidade penal da pessoa coletiva se vai protelar no tempo ou quando a pessoa singular seja declarada contumaz.

[58] Chama a atenção para o artigo 16.º, n.º 3, quando a arguida seja pessoa coletiva, Carlos Adérito Teixeira, "A pessoa coletiva como sujeito processual ou a 'descontinuidade' processual da responsabilidade penal", p. 130.

[59] Cf. "Questões processuais da responsabilidade penal das pessoas coletivas", p. 156. E, ainda, do mesmo autor, "Questões processuais na responsabilidade cumulativa das empresas e seus gestores", p. 793, e Carlos Adérito Teixeira, "A pessoa coletiva como sujeito processual ou a 'descontinuidade' processual da responsabilidade penal", p. 125.

Não deixa, porém, de se salientar que melhor seria a previsão de um regime próprio de conexão e separação, em virtude da natureza da pessoa coletiva, da dinâmica das suas mutações e do modelo de responsabilidade penal cumulativa[60].

7. Regras gerais sobre comunicações dos atos e convocação para eles

As regras gerais sobre comunicações dos atos processuais e convocação para eles, constantes do artigo 111.º e ss. do CPP, são omissas quando o notificando seja a pessoa coletiva arguida em processo penal.

Entende-se maioritariamente que se trata de lacuna que não é integrável pelas normas de processo civil, por não serem harmonizáveis com o processo penal, nomeadamente quando esteja em causa a convocação para interrogatório e para aplicação de medida de coação ou de garantia patrimonial ou a notificação do despacho de acusação, do despacho de abertura de instrução e do despacho que designa data para o debate instrutório ou para a audiência de julgamento (artigos 111.º, 194.º, 283.º, 287.º e 313.º do CPP). De acordo com as normas de processo civil, a notificação faz-se na pessoa dos legais representantes da pessoa coletiva, bastando que seja notificado apenas um deles quando a representação pertença a mais de uma pessoa, e considera-se pessoalmente notificada na pessoa de qualquer empregado que se encontre na sede ou local onde funciona normalmente a administração (artigo 223.º do CPC)[61].

[60] Cf. Carlos Adérito Teixeira, "A pessoa coletiva como sujeito processual ou a 'descontinuidade' processual da responsabilidade penal", p. 125 e s.

[61] Assim, Germano Marques da Silva, "Questões processuais da responsabilidade penal das pessoas coletivas", p. 161, Reis Bravo, "Incidências processuais da punibilidade dos entes coletivos", p. 67 e s., Carlos Adérito Teixeira, "A pessoa coletiva como sujeito processual ou a 'descontinuidade' processual da responsabilidade penal" p. 124 e s., admitindo, porém, que possa ser notificado mais do que um representante da pessoa coletiva, e Inês Godinho, "Pessoas coletivas e processo penal: alguns apontamentos de uma tentativa impossível", p. 62 e ss. Pinto de Albuquerque, *Comentário do Código de Processo Penal à luz da Constituição da República e da Convenção Europeia dos Direitos do Homem*, comentário ao artigo 113.º, Nm. 14, acha admissível a notificação da pessoa coletiva por contacto pessoal com o seu legal representante ou qualquer empregado.

8. Declaração de contumácia

Por via dos efeitos previstos no artigo 337.º do CPP, a declaração de contumácia serve o objetivo de desmotivar a subtração dolosa do arguido à administração da justiça penal (artigos 335.º e 336.º do CPP).

O que se pergunta é se a arguida pessoa coletiva pode ser declarada contumaz, na falta de norma expressa no CPP. Nega-se-lhe a aplicabilidade do instituto, tal como regulado no CPP, argumentando-se que a regulação tem em vista apenas a pessoa singular arguida como destinatária, atentando, nomeadamente, nos efeitos e na notificação da declaração de contumácia, tal como regulados no artigo 337.º, no regime de caducidade da declaração, previsto no artigo 336.º, e no conteúdo dos ficheiros de contumazes, segundo o previsto no artigo 19.º, n.º 2, do Decreto-Lei n.º 381/98, de 27 de novembro[62].

Mais recentemente, defende-se que "a interpretação sistemática do quadro normativo vigente impõe a conclusão de que também as pessoas coletivas podem ser declaradas contumazes, aplicando-se a essa declaração os artigos 335.º a 337.º daquele Código na parte em que esses preceitos não pressuponham que o arguido é uma pessoa singular". Não obstante não ter sido introduzida qualquer alteração à redação desses artigos, o registo de contumazes passou a abranger as pessoas coletivas (artigo 14.º, n.º 2, alínea *b)*, da Lei n.º 37/2015, de 5 de maio, e, já anteriormente, artigos 19.º, n.º 2, alínea *b)*, do Decreto-Lei n.º 381/98, na redação dada pelo Decreto-Lei n.º 288/2009, de 8 de outubro, e 3.º, n.º 3, e 6.º, n.º 2, do Decreto-Lei n.º 62/99, de 2 de março, na redação dada pelo Decreto-Lei n.º 288/2009)[63].

[62] Assim, Reis Bravo, "Incidências processuais da punibilidade dos entes coletivos", p. 76 e s., Mário Pedro Meireles, "A responsabilidade penal das pessoas coletivas ou entidades equiparadas na recente alteração ao Código Penal ditada pela Lei 59/2007, de 4 de setembro: algumas notas", p. 136 e s., e Pinto de Albuquerque, *Comentário do Código de Processo Penal à luz da Constituição da República e da Convenção Europeia dos Direitos do Homem*, comentário ao artigo 335.º, Nm. 8. No mesmo sentido, Ac. do Tribunal da Relação do Porto de 16 de novembro de 2011 (Processo 332/06.4TAMCD-A.P1).

[63] Assim, Ac. do Tribunal da Relação de Lisboa de 20 de janeiro de 2016 (Processo 395/13.6TAVFX-A.L1-3). Manifesta-se em sentido afirmativo, Carlos Adérito Teixeira, "A pessoa coletiva como sujeito processual ou a 'descontinuidade' processual da responsabilidade penal", p. 128. Cf., ainda, o Decreto-Lei n.º 171/2015, de 25 de agosto, que regulamenta e desenvolve o regime jurídico da identificação criminal, na redação que agora lhe foi dada pelo Decreto-Lei n.º 115/2019, de 20 de agosto.

9. Arquivamento em caso de dispensa de pena e suspensão provisória do processo

O CPP prevê, em alternativa ao despacho de acusação, o arquivamento em caso de dispensa de pena e a suspensão provisória do processo (artigos 280.º e 281.º, respetivamente)[64].

Relativamente a estas duas formas de diversão processual penal equaciona-se a sua aplicabilidade às pessoas coletivas, indo em sentido afirmativo as respostas dadas[65]. De acordo com Susana Aires de Sousa, "perante a ausência de normas específicas, os tribunais adaptam, tanto quanto possível, as regras processuais previstas para as pessoas individuais. Todavia, a ausência das pessoas coletivas do regime legal tem por consequência imediata a não aplicação do instituto da suspensão provisória do processo ou, em alternativa, uma aplicação muito forçada e dificilmente compatível com a racionalidade e a intencionalidade do regime"[66].

A reflexão que é feita neste domínio contende com a admissibilidade de aplicação de um ou outro instituto à pessoa coletiva que seja arguida em determinado processo e não em relação à pessoa individual que também tenha esta qualidade no mesmo processo. Pense-se na hipótese de os pressupostos de que dependem se verificarem apenas relativamente à pessoa coletiva[67].

[64] Sobre estas duas formas de diversão, Maria João Antunes, *Direito Processual Penal*, pp. 72 e ss. e 92 e ss.

[65] Em sentido afirmativo, Mário Pedro Meireles, "A responsabilidade penal das pessoas coletivas ou entidades equiparadas na recente alteração ao Código Penal ditada pela Lei 59/2007, de 4 de setembro: algumas notas", p. 137, concluindo, porém, que a questão não se põe no que se refere ao arquivamento do processo, relativamente aos crimes previstos no artigo 11.º do CP, uma vez que nenhum é passível de dispensa de pena. E, ainda, Carlos Adérito Teixeira, "A pessoa coletiva como sujeito processual ou a 'descontinuidade' processual da responsabilidade penal", p. 129 e s., e Pinto de Albuquerque, *Comentário do Código de Processo Penal à luz da Constituição da República e da Convenção Europeia dos Direitos do Homem*, comentário ao artigo 281.º, Nm. 32.

[66] Cf. "A colaboração processual dos entes coletivos: legalidade, oportunidade ou «troca de favores»", p. 18.

[67] Propende a admitir esta possibilidade, Reis Bravo, "Incidências processuais da punibilidade dos entes coletivos", p. 60 e 61, concluindo que seria preferível uma previsão específica da aplicabilidade dos institutos às pessoas coletivas.

10. Processos especiais

O CPP prevê três formas especiais de processo penal no âmbito da pequena e média criminalidade: o processo sumário (artigo 381.º e ss.); o processo abreviado (artigo 391.º-A e ss.); e o processo sumaríssimo (artigo 392.º e ss.).

Conclui-se pela aplicabilidade quer do processo abreviado quer do processo sumaríssimo quando seja arguida pessoa coletiva, mas já não do processo sumário, por ser um dos seus pressupostos a detenção em flagrante delito (artigo 381.º, n.º 1)[68]. Neste caso, é configurável que o processo penal prossiga relativamente à pessoa coletiva, depois do julgamento em processo sumário da pessoa singular que, nela ocupando uma posição de liderança, tenha atuado em seu nome e no interesse coletivo ou tenha violado os deveres de vigilância ou controlo que lhe incumbia sobre pessoa sob a sua autoridade que tenha atuado[69]. Do mesmo modo, é configurável que apenas a pessoa singular arguida ou a coletiva se oponha ao requerimento para aplicação de pena em processo sumaríssimo, defendendo-se nesta hipótese a solução da separação de processos, por haver um interesse atendível e ponderoso[70].

11. Recorribilidade da decisão condenatória

O princípio geral consagrado no CPP é o da recorribilidade das decisões – é permitido recorrer dos acórdãos, das sentenças e dos despachos cuja irrecorribilidade não estiver prevista na lei (artigo 399.º). O artigo 400.º

[68] Em sentido afirmativo quanto ao primeiro e segundo, Mário Pedro Meireles, "A responsabilidade penal das pessoas coletivas ou entidades equiparadas na recente alteração ao Código Penal ditada pela Lei 59/2007, de 4 de setembro: algumas notas", p. 137, e Reis Bravo, *Direito Penal de Entes Coletivos. Ensaio sobre a Punibilidade de Pessoas Coletivas e Entidades Equiparadas*, p. 342 e ss. E, ainda, Pinto de Albuquerque, *Comentário do Código de Processo Penal à luz da Constituição da República e da Convenção Europeia dos Direitos do Homem*, comentário ao artigo 391.º-A, Nm. 11, relativamente ao processo abreviado, e Carlos Adérito Teixeira, "A pessoa coletiva como sujeito processual ou a 'descontinuidade' processual da responsabilidade penal", p. 130, quanto ao processo sumaríssimo.

[69] Sobre isto, Reis Bravo, *Direito Penal de Entes Coletivos. Ensaio sobre a Punibilidade de Pessoas Coletivas e Entidades Equiparadas*, p. 343 e s.

[70] Assim, Carlos Adérito Teixeira, "A pessoa coletiva como sujeito processual ou a 'descontinuidade' processual da responsabilidade penal", p. 130.

do CPP elenca um conjunto de decisões em que não é admissível recurso, louvando-se, entre outros, no critério da natureza ou gravidade da pena concretamente aplicada, o qual foi adotado em 2007[71].

Assinala-se que a substituição do critério da gravidade da pena aplicável ao crime pelo da natureza ou gravidade da pena aplicada repercutiu-se depois nas decisões em que o arguido é pessoa coletiva. Em face do disposto nos artigos 432.º e 400.º do CPP, é sempre irrecorrível o acórdão condenatório da relação que aplique pena de dissolução ou pena de multa, independentemente da natureza absolutória ou condenatória da decisão de 1.ª instância, bem como o acórdão absolutório proferido em recurso pelas relações, independentemente da natureza absolutória ou condenatória da decisão de 1.ª instância (alíneas *d)* e *e)* do n.º 1 do artigo 400.º)[72].

A pertinência da questão do duplo grau de recurso quando a decisão condene ou absolva pessoa coletiva mostra-se nos casos de responsabilidade *cumulativa*, quando a sentença ou acórdão que condene ou absolva a pessoa singular seja recorrível em dois graus. Essa hipótese não está expressamente contemplada no artigo 402.º do CPP quanto ao âmbito do recurso, uma vez que a alínea *a)* do n.º 2 dispõe que a interposição do recurso por um dos arguidos aproveita aos restantes em caso de *comparticipação*. Deve notar-se, porém, que a responsabilidade penal da pessoa coletiva é autónoma relativamente à da pessoa individual que também seja arguida, pelo que nem sempre poderá aproveitar à primeira o recurso interposto pela segunda[73].

[71] Sobre isto, Maria João Antunes, *Direito Processual Penal*, p. 213 e ss.

[72] Na conclusão, Mário Pedro Meireles, "A responsabilidade penal das pessoas coletivas ou entidades equiparadas na recente alteração ao Código Penal ditada pela Lei 59/2007, de 4 de setembro: algumas notas", p. 137, e Maria João Antunes, *Direito Processual Penal*, p. 220 e s. Por via do Ac. n.º 128/2018, o Tribunal Constitucional decidiu "não julgar inconstitucional a norma que prevê a inadmissibilidade de recurso de acórdãos proferidos, em recurso, pelas Relações que, após decisão absolutória de 1.ª instância, condenem e apliquem pena de multa a arguida pessoa coletiva, interpretativamente extraível do artigo 400.º, n.º 1, alínea e), do CPP".

[73] Sobre isto, cf. a STS 514/2015, de 2 de setembro de 2015, comentada por Gómez-Jara, *El Tribunal Supremo ante la Responsabilidad Penal de las Personas Jurídicas. El inicio de una larga andadura*, p. 59 e ss. Esta sentença e as demais referidas estão disponíveis em www.poder judicial.es.

12. Procedimento criminal dependente de queixa e de acusação particular

Quando o procedimento criminal dependa de queixa ou de acusação particular a apresentação da queixa contra um dos *comparticipantes* no crime torna o procedimento criminal extensivo aos restantes (artigos 114.º e 117.º do CP e 49.º, n.º 1, e 50.º, n.º 1, do CPP). Por outro lado, a desistência da queixa ou da acusação particular relativamente a um dos *comparticipantes* no crime aproveita aos restantes, salvo oposição destes, nos casos em que também estes não puderem ser perseguidos sem queixa ou acusação particular (artigos 116.º, n.º 3, e 117.º do CP e 51.º do CPP).

É equacionável a aplicabilidade de tais normas do regime geral dos crimes semipúblicos e particulares aos casos em que há responsabilidade penal *cumulativa* da pessoa singular e coletiva. Com efeito, as razões que as justificam valem exatamente nos mesmos termos para esses casos[74].

13. Algumas considerações a partir dos contributos da doutrina e da jurisprudência portuguesas

As respostas dadas pela doutrina e pela jurisprudência – mais a primeira do que a segunda – à falta de normas de natureza processual específicas em matéria de responsabilidade penal das pessoas coletivas mostra de forma muito clara premência e a necessidade da intervenção do legislador. É também reveladora do entendimento de que a via é a da equiparação da posição processual da pessoa coletiva arguida à da pessoa singular, ou seja, a da adaptação das normas de natureza processual penal vigentes às especificidades da primeira em função da sua natureza. Transpondo para o direito processual penal a fórmula constante do artigo 12.º da CRP, dir-se-á que todos os cidadãos arguidos têm o estatuto de sujeito processual e que a pessoa coletiva arguida tem o estatuto de sujeito processual compatível com a sua natureza[75].

Os contributos da doutrina e da jurisprudência portuguesas também sugerem que a opção por determinado modelo de imputação da respon-

[74] Sobre isto, Reis Bravo, *Direito Penal de Entes Coletivos. Ensaio sobre a Punibilidade de Pessoas Coletivas e Entidades Equiparadas*, p. 311 e ss.

[75] Cf. *infra* Parte III, ponto 2.

sabilidade penal às pessoas coletivas ou a opção por determinada configuração de um dos dois modelos de base tem repercussões inevitáveis na conformação do processo penal em que seja arguida a pessoa coletiva. Ainda que a resposta que tem vindo a ser dada à falta de normas específicas não faça propriamente apelo à opção de direito substantivo.

Os contributos doutrinais e jurisprudenciais mencionados motivam ainda uma reflexão inevitável sobre o modo como o processo penal deve correr os seus termos quando se investigue a partir da notícia do mesmo crime a responsabilidade penal de pessoa coletiva e de pessoa singular, segundo regras de competência por conexão. Importa refletir sobre a maior ou menor admissibilidade de diferenciação da tramitação processual, o que tem obrigatoriamente conexão com o modelo substantivo de imputação do facto à pessoa coletiva. Será certamente mais admissível se o crime que é objeto da notícia for *pressuposto* e não *fundamento* da responsabilidade penal da pessoa coletiva, segundo um modelo de autorresponsabilidade. Tendo em mente soluções processuais vigentes que já são por si diferenciadas da tramitação regra, o que importa indagar é, por exemplo, se é admissível o julgamento em tribunal singular da pessoa coletiva arguida, ao abrigo do artigo 16.º, n.º 3, do CPP, prosseguindo o processo em relação à pessoa singular para julgamento em tribunal coletivo; se é admissível o arquivamento em caso de dispensa de pena e a suspensão provisória do processo quanto à pessoa coletiva, nos termos do disposto nos artigos 280.º e 281.º do CPP, havendo dedução de acusação relativamente à pessoa singular ou se é admissível a hipótese inversa[76]; se são admissíveis os efeitos da confissão integral e sem reservas do representante no processo da pessoa coletiva arguida, nos termos do consagrado no artigo 344.º, n.ºs 2 e 3, do CPP, prosseguindo a produção da prova em audiência de julgamento quanto aos factos imputados à pessoa singular ou se é admissível a hipótese inversa[77]; se são admissíveis os efeitos previstos no n.º 4 desse artigo 344.º quando apenas o representante no processo confesse os factos imputados à pessoa coletiva ou quando apenas o faça a pessoa singular.

[76] Sobre isto, cf. *supra* Parte I, pontos 6.1. e 9.

[77] Note-se que no n.º 3 do artigo 344.º excetuam-se apenas os casos em que haja *coarguidos* e não se verifique a confissão integral, sem reservas e coerente de todos eles.

II. Conformação jurídico-constitucional e supralegal do processo penal em que o arguido seja pessoa coletiva

A problemática da especificidade das normas de natureza processual penal aplicáveis à pessoa coletiva que seja arguida põe-se, desde logo, ao nível da conformação jurídico-constitucional do processo penal português, no plano dos direitos e deveres fundamentais, sem prejuízo da relevância dos princípios gerais de processo penal constitucionalmente consagrados e da opção constitucional por determinado modelo de processo[78]. E põe-se também ao nível do direito europeu e internacional, por referência aos direitos e deveres fundamentais aí consagrados, também sem prejuízo dos princípios gerais do processo penal adotados no âmbito europeu e internacional.

1. Direitos e deveres fundamentais da pessoa coletiva arguida

Quanto aos direitos e deveres fundamentais é afirmado no artigo 12.º, n.º 1, o princípio da universalidade, no sentido de que *todos os cidadãos* – e não todas as pessoas – gozam dos direitos fundamentais e estão sujeitos aos deveres consagrados na Constituição. Já as pessoas coletivas gozam dos direitos e estão sujeitas aos deveres compatíveis com a sua natureza, segundo o n.º 2 do artigo 12.º

[78] Cf. *infra* Parte III, ponto 2.

Diferentemente do que sucede em outros países cuja Constituição é omissa relativamente ao gozo de direitos fundamentais, como, por exemplo, em Espanha, a CRP contém norma expressa. O mesmo sucede, por exemplo, na Alemanha, ainda que a formulação do artigo 19.º, n.º 3, da Lei Fundamental alemã não seja coincidente com a da Constituição portuguesa, na medida em que estatui que *os direitos fundamentais também valem para as pessoas jurídicas sediadas no país, desde que, pela sua natureza, sejam aplicáveis às mesmas*. Em Portugal exige-se que o gozo do direito tenha de ser compatível com a *natureza da pessoa coletiva*, ao passo que na Alemanha se exige que a aplicação à pessoa coletiva seja compatível com a *natureza do direito*.

Questão específica, controversa na doutrina e na jurisprudência, nacional e estrangeira, é a de saber se o gozo de direitos fundamentais se estende às pessoas coletivas públicas, revelando-se particularmente pertinente em países onde a fiscalização da constitucionalidade tem lugar por via da *queixa constitucional* ou do *recurso de amparo*. Na Constituição espanhola, por exemplo, é reconhecida legitimidade para interpor um recurso de amparo a toda a pessoa jurídica que invoque um interesse legítimo (alínea *b)* do n.º 1 do artigo 162.º)[79].

Na doutrina portuguesa a resposta afirmativa não é propriamente consensual, admitindo uns que, ainda que se considerem apenas direitos subjetivos de defesa, a "aplicação dos direitos fundamentais se poderá alargar a pessoas coletivas públicas, quando se trate de defender os direitos e a autonomia das pessoas coletivas infraestaduais, especialmente os entes exponenciais de interesses sociais organizados, perante o Estado propriamente dito"; e entendendo outros, mais restritivos, que não basta uma "semelhança da situação de subordinação (perante o Estado ou outro ente público)", sendo ainda necessário que "estejamos dentro dos limites do sistema, ou seja, no âmbito da matéria específica que estes direitos constituem", o que sucederá "quando e na medida em que a competência (ou a atividade) do ente subordinado *vise diretamente (também prosseguir interesses humanos individuais*, no sentido de ter como

[79] Sobre isto, Díaz Lema, "Tienen derechos fundamentales las personas jurídico-publicas?", p. 87 e ss., Iñaki Lasgabaster, "Derechos fundamentales y personas jurídicas de derecho publico", p. 651 e ss., e Gómez Montoro, "La titularidade de derechos fundamentales por personas jurídicas: un intento de fundamentación", p. 50 e ss.

função proteger ou promover a liberdade e a dignidade das pessoas"[80]. Na jurisprudência constitucional pode assinalar-se o entendimento de que nada obstará, porém, a que *certas pretensões de defesa típicas de direitos (subjetivos) fundamentais (p. ex., os direitos fundamentais processuais, cujo reconhecimento às pessoas coletivas é generalizadamente aceite, mas que também podem ser vistos como princípios objetivos do procedimento, destinados a assegurar o correto cumprimento da função judicial num Estado de Direito) sejam absorvíveis pelo princípio do Estado de Direito e pelas garantias institucionais que limitam objetivamente a discricionariedade legislativa. Com efeito, as normas que estabelecem direitos fundamentais consagram também valores constitucionais objetivos que moldam a ordem jurídica e que o legislador tem de respeitar*[81].

Uma outra questão relevante é a de saber se o gozo de direitos e garantias fundamentais é respondida de forma diferente consoante se trate de pessoa coletiva com ou sem personalidade jurídica, uma vez que a expressão "pessoa coletiva" tem na linguagem jurídica o significado de entidade jurídica, não sendo decisivo para abranger a última a circunstância de a própria CRP reconhecer direitos fundamentais a organizações em relação às quais não se exige que tenham personalidade jurídica (por exemplo, às comissões de trabalhadores – artigo 54.º)[82]. Por outro lado, também é questionável a extensão de direitos fundamentais a pessoas coletivas (jurídicas) na forma de fundação, na ausência de um "momento pessoal", já que se estruturam como personalização de patrimónios[83].

Põe-se, pois, a questão de saber quais são então os direitos e garantias constitucionalmente consagrados, com relevo em matéria de processo penal, cujo gozo é compatível com a natureza das pessoas coletivas. E, ainda mais concretamente, se o gozo das garantias de processo

[80] Cf., respetivamente, GOMES CANOTILHO, *Direito Constitucional e Teoria da Constituição*, p. 422 e ss., e VIEIRA DE ANDRADE, *Os Direitos Fundamentais na Constituição Portuguesa de 1976*, p. 119 e ss. Sobre isto, ainda, DAVID DUARTE, "A norma de universalidade de direitos e deveres fundamentais: esboço de uma anotação", p. 426 e ss.

[81] Cf. Ac. n.º 496/2010. E, ainda, Ac. n.º 91/2009.

[82] Assim, GOMES CANOTILHO / VITAL MOREIRA, *Constituição da República Portuguesa Anotada*, anotação ao artigo 12.º, ponto III, primeira parte. Cf., ainda, VIEIRA DE ANDRADE, *Os Direitos Fundamentais na Constituição Portuguesa de 1976*, nota 259.

[83] Assim, GOMES CANOTILHO / VITAL MOREIRA, *Constituição da República Portuguesa Anotada*, anotação ao artigo 12.º, ponto III, primeira parte.

criminal consagradas no artigo 32.º é compatível com a natureza de todas as pessoas coletivas – pessoas coletivas privadas e pessoas coletivas públicas, pessoas coletivas com personalidade jurídica e pessoas coletivas sem personalidade jurídica e fundações. A interrogação é particularmente pertinente em relação às segundas e às quartas: a ressalva que é feita no n.º 2 do artigo 11.º do CP não abrange todo o universo das pessoas coletivas públicas, podendo ser responsabilizadas criminalmente pessoas com essa natureza, e nem sempre é feita na legislação extravagante, podendo haver responsabilidade criminal de quaisquer pessoas coletivas; são entidades equiparadas às pessoas coletivas, para o efeito de as responsabilizar criminalmente, as sociedades civis e as associações de facto, de acordo com o disposto no artigo 11.º, n.ºs 2 e 5, do CP, extensão que também é feita em outra legislação.

É doutrinalmente aceite que, embora os direitos-garantia consagrados no artigo 32.º sejam eminentemente pessoais, faz sentido estendê-los às pessoas coletivas que possam ser responsabilizadas criminalmente, sem que isso signifique que valham exatamente nos mesmos termos[84]. Já quanto, por exemplo, ao direito à inviolabilidade do domicílio, a natureza eminentemente pessoal do direito é invocada, por uma parte da doutrina, para a sua não extensão às pessoas coletivas. A sede e as instalações das pessoas coletivas gozam de proteção ao abrigo de outros direitos, como a liberdade de empresa, a liberdade de associação ou a liberdade de religião[85]. Enquanto outra parte entende que as pessoas coletivas são titulares do direito à inviolabilidade do domicílio, pelo menos nos casos em que a pessoa coletiva seja utilizada como forma de desenvolvimento da vida privada ou íntima dos seus membros[86]. São

[84] Cf. Gomes Canotilho/Vital Moreira, *Constituição da República Portuguesa Anotada*, anotação ao artigo 32.º, ponto XVIII, e Sandra Oliveira e Silva, *O Arguido como Meio de Prova contra si mesmo. Considerações em torno do princípio* nemo tenetur se ipsum accusare, p. 50.

[85] Cf. Gomes Canotilho/Vital Moreira, *Constituição da República Portuguesa Anotada*, anotação ao artigo 34.º, pontos III, IV e XIII. Em sentido concordante, Carlos Adérito Teixeira, "A pessoa coletiva como sujeito processual ou a 'descontinuidade' processual da responsabilidade penal", p. 150, e Pinto de Albuquerque, *Comentário do Código de Processo Penal à luz da Constituição da República e da Convenção Europeia dos Direitos do Homem*, comentário ao artigo 177.º, Nm. 22.

[86] Assim, em termos gerais, Paulo Mota Pinto, "A proteção da vida privada e a Constituição", p. 185, e David Duarte, "A norma de universalidade de direitos e deveres funda-

titulares, ainda que o artigo 34.º não se lhes aplique na sua totalidade, nomeadamente o seu n.º 3 ao proibir buscas domiciliárias noturnas, sendo a proibição exclusivamente aplicável às pessoas singulares[87].

2. A jurisprudência constitucional portuguesa

Relativamente a direitos constitucionalmente consagrados com relevo em matéria de processo penal, cujo gozo é compatível com a natureza das pessoas coletivas, há já jurisprudência constitucional relevante. O critério geral adotado é o de que não há qualquer equiparação, ainda que formal, da personalidade coletiva à personalidade singular; que o ser ou não ser compatível com a natureza das pessoas coletivas depende, além da natureza da pessoa coletiva, da natureza de cada um dos direitos fundamentais, sendo incompatíveis aqueles direitos que não são concebíveis a não ser em conexão com as pessoas físicas – *v.g.* o direito à vida e o direito de constituir família; e que ainda que certo direito fundamental seja compatível com a natureza da pessoa coletiva, daí não se segue que a sua aplicabilidade nesse domínio vá operar exatamente nos mesmos termos e com a mesma amplitude com que decorre relativamente às pessoas singulares – *v. g.* o direito ao sigilo da correspondência e o direito à privacidade[88].

2.1. Direito de acesso ao direito e aos tribunais

No artigo 20.º, n.º 1, da CRP dispõe-se que *a todos é assegurado o acesso ao direito e aos tribunais para defesa dos seus direitos e interesses legalmente protegidos, não podendo a justiça ser denegada por insuficiência de meios económicos.* O TC tem entendido que este direito é compatível com a natureza das pessoas coletivas[89]. Questão distinta tem sido, porém, a de saber se as pessoas jurídicas privadas com fins lucrativos têm direito a proteção jurídica. A questão foi dividindo e continua a dividir o Tribunal.

mentais: esboço de uma anotação", p. 423. No sentido menos amplo, Jorge Miranda/Rui Medeiros, *Constituição Portuguesa Anotada*, anotação ao artigo 34.º, ponto VII.

[87] Assim, Vieira de Andrade, *Os Direitos Fundamentais na Constituição Portuguesa de 1976*, p. 116.

[88] Cf. Acs. n.ºs 198/85, 539/97, 569/98 e 593/2008.

[89] Cf. Acs. n.ºs 539/97, 174/2000 e 216/2010.

Em 2010, através do Ac. n.º 216/2010, o plenário decidiu, por maioria e no seguimento de jurisprudência anterior, não julgar inconstitucional a norma do artigo 7.º, n.º 3, da Lei n.º 34/2004, de 29 de julho, segundo a qual as pessoas coletivas com fins lucrativos não têm direito a proteção jurídica. Entendeu o Tribunal que "não decorre da Constituição que as entidades com fins lucrativos sejam equiparadas às pessoas singulares e pessoas coletivas de fim não lucrativo para efeitos de promoção pelo Estado de acesso à justiça, atenta a ressalva quanto às pessoas coletivas em geral prevista no artigo 12.º, n.º 2 da Constituição. O direito de acesso aos tribunais como direito fundamental, radica essencialmente na dignidade humana como princípio estruturante da República (artigo 1.º da Constituição), reconhecido no artigo 10.º da Declaração Universal dos Direitos do Homem e igualmente acolhido no artigo 6.º da Convenção Europeia para a Proteção dos Direitos do Homem e das Liberdades Fundamentais. Não são comparáveis as situações de concessão de apoio a pessoas singulares e a pessoas coletivas, pelo que a promoção das condições positivas de acesso aos tribunais nos casos de insuficiência económica não tem o mesmo significado quanto a pessoas singulares e quanto a pessoas coletivas com fim lucrativo, que devem, por imposição legal, integrar na sua atividade económica os custos com a litigância judiciária que desenvolvem, assim assegurando a proteção dos interesses patrimoniais da universalidade dos credores e do próprio interesse geral no desenvolvimento saudável da economia".

Mais recentemente, em 2018, por via do Ac. n.º 242/2018, o Tribunal decidiu, também por maioria, declarar a inconstitucionalidade, com força obrigatória geral, da norma do artigo 7.º, n.º 3, Lei n.º 34/2004, de 29 de julho, na redação dada pela Lei n.º 47/2007, de 28 de agosto, na parte em que recusa proteção jurídica a pessoas coletivas com fins lucrativos, sem consideração pela concreta situação económica das mesmas, por violação do artigo 20.º, n.º 1, da CRP. O Tribunal entendeu, louvando-se amplamente no direito e na jurisprudência europeus, que "o direito de acesso aos tribunais tem como *dimensão inerente* a garantia de não ser denegada a justiça por falta de meios económicos (Acórdão n.º 316/95). Ora, tratando-se de uma simples *vertente* do direito de acesso aos tribunais, a *unidade de conteúdo* do mesmo direito postula *prima facie* que os respetivos titulares possam beneficiar de todas as suas faculdades. Na sua unidade, o artigo 20.º, n.º 1, da Constituição assegura *a todos* o acesso aos tribunais *independentemente da condição económica*. Isto, naturalmente, sem prejuízo de diferenciações justificadas pela diferença típica de necessidades de apoio, a apreciar caso a caso"[90].

2.2. Presunção de inocência e garantia de imparcialidade do tribunal de julgamento

Entre as garantias de defesa consagradas no artigo 32.º CRP inclui-se a *presunção de inocência do arguido até ao trânsito em julgado da sentença de condenação* e a *estrutura acusatória do processo penal* (n.ºs 2, primeira parte, e 5, primeira parte, respetivamente).

O TC julgou "inconstitucional a norma constante do artigo 40.º do Código de Processo Penal na parte em que permite a intervenção no julgamento do juiz que, na fase de inquérito, decretou e posteriormente manteve a prisão preventiva de um dos coarguidos, por violação do artigo 32.º, n.º 5, da Constituição"[91]. A especificidade do caso residiu na circunstância de a conformidade constitucional da norma ter sido questionada por pessoa coletiva arguida no processo penal em que pessoa individual também arguida havia sido presa preventivamente. O Tribunal entendeu que, *não havendo óbices de natureza constitucional à solução de responsabilizar criminalmente as pessoas coletivas, também não poderá sustentar-se que não sejam aplicáveis* às pessoas coletivas *arguidas as garantias de processo criminal que sejam compatíveis com a sua natureza*. Para o Tribunal, gozando a pessoa coletiva da presunção constitucional de inocência, "não se vê por que razão não poderá exigir a pessoa coletiva arguida que se lhe apliquem as garantias de imparcialidade do tribunal de julgamento, tal como se aplicam à pessoa singular que agiu como seu representante legal. De facto, confundindo-se no plano fáctico a atuação do representante com a do representado (...), não poderá sustentar-se um regime processual penal mais gravoso" para a primeira.

[90] Criticamente sobre esta jurisprudência, JOÃO LOUREIRO, "Pessoas coletivas com fins lucrativos e apoio judiciário", p. 155 e ss.

[91] Cf. Ac. n.º 656/97.

2.3. Direito à inviolabilidade da correspondência

Segundo o artigo 34.º, n.ºs 1 e 4, da Constituição *o sigilo da correspondência é inviolável*, sendo *proibida toda a ingerência das autoridades públicas na correspondência, salvos os casos previstos na lei em matéria de processo criminal.* No que se refere ao direito à inviolabilidade da correspondência, o Tribunal sufragou o entendimento de que "não é incompatível com a natureza das pessoas coletivas e de que, portanto, este é um direito fundamental de que também tais pessoas gozam, nos termos do n.º 2 do artigo 12.º da Constituição (...). Simplesmente, a «aplicação» dos direitos fundamentais às pessoas coletivas não pode deixar de levar em conta a particular natureza destas – e de tal modo que seguramente tem de reconhecer-se que ainda quando certo direito fundamental seja compatível com essa natureza, e portanto suscetível de titularidade «coletiva» (*hoc sensu*), daí não se segue que a sua aplicabilidade nesse domínio se vá operar exatamente nos mesmos termos e com a mesma amplitude com que decorre relativamente às pessoas singulares. Tem a doutrina chamado a atenção para o ponto, e designadamente para o facto de o «conteúdo» dos direitos fundamentais poder ser diferente (e mais estreito) quando o respetivo titular for uma pessoa coletiva, antes que uma pessoa singular"[92].

2.4. Direito à inviolabilidade do domicílio

Segundo o artigo 34.º da CRP *o domicílio é inviolável*; "a entrada no domicílio dos cidadãos contra a sua vontade só pode ser ordenada pela autoridade judicial competente, nos casos e segundo as formas previstas na lei"; "ninguém pode entrar durante a noite no domicílio de qualquer pessoa sem o seu consentimento, salvo em situação de flagrante delito ou mediante autorização judicial em casos de criminalidade especialmente violenta ou altamente organizada, incluindo terrorismo e o tráfico de pessoas, armas e de estupefacientes, nos termos previstos na lei"; "é proibida toda a ingerência das autoridades públicas na correspondência, salvos os casos previstos na lei em matéria de processo criminal". Em matéria de buscas domiciliárias, o Tribunal entendeu que já extravasa

[92] Cf. Ac. n.º 198/85.

o âmbito normativo de proteção do artigo 34.º, n.º 2, da Constituição a sede e o domicílio profissional de pessoas coletivas, não estando por isso na competência reservada do juiz ordenar a busca que aí se realize. Para o Tribunal, "a inviolabilidade do domicílio a que se refere o artigo 34.º da CRP exprime, numa área muito particular, a garantia do direito à reserva da intimidade da vida privada e familiar". Domicílio é todo o espaço fechado e vedado a estranhos, onde, de forma recatada e livre, se desenvolvem comportamentos típicos da vida privada e familiar. A inviolabilidade do domicílio, enquanto projeção espacial da *pessoa* que é não é compatível com a natureza jurídica da pessoa coletiva, já que "o bem protegido com a inviolabilidade do domicílio e o étimo de valor que lhe vai associado têm a ver com a subtração aos olhares e ao acesso dos outros da esfera espacial onde se desenrola a vivência doméstica e familiar da pessoa, onde ela, no recato de um espaço vedado a estranhos, pode exprimir livremente o seu mais autêntico modo de ser e de agir". O direito à privacidade é compatível com a natureza da pessoa coletiva, *só que a extensão da tutela da privacidade às pessoas coletivas não implica que ela atue, nesse campo, em igual medida e com a mesma extensão com que se afirma na esfera da titularidade individual. Dessa tutela estarão excluídas, forçosamente, as dimensões nucleares da intimidade privada, que pressupõem a personalidade física. É o que acontece com a inviolabilidade do domicílio, uma manifestação particular e qualificada da tutela da intimidade da vida privada, dirigida à realização da personalidade individual e ao resguardo da dignidade da pessoa humana*[93].

2.5. Direito à não autoincriminação

Não obstante o direito à não autoincriminação não lograr consagração expressa na CRP, o Tribunal tem entendido que o princípio *nemo tenetur se ipsum accusare* é um princípio constitucional implícito a que corresponde um direito fundamental não escrito, e que "o direito à não autoincriminação em sentido amplo abrange, na sua área nuclear, o direito ao silêncio propriamente dito e desdobra-se em diversos corolários,

[93] Cf. Acs. n.ºs 593/2008 e 596/2008. Na doutrina, sobre o conceito constitucional de domicílio, Costa Andrade, "Tribunal Constitucional – Acórdão n.º 364/2006, de 8 de junho *(Domicílio, intimidade e Constituição)*", p. 112 e ss.

designadamente nas situações em que esteja em causa a prestação de informações, a entrega de documentos ou outras formas de colaboração e que correspondem a *zonas de proteção mais periféricas*". Para o TC, "os direitos ao silêncio e à não autoincriminação devem considerar-se incluídos nas garantias de defesa próprias do processo penal (artigo 32.º, n.º 1, da Constituição", não deixando, porém, estes "direitos processuais de proteger mediata ou reflexamente a dignidade da pessoa humana e outros direitos fundamentais com ela conexos, como sejam os direitos à integridade pessoal, ao livre desenvolvimento da personalidade e à privacidade, não se revelando necessário, para sustentar o acolhimento constitucional, o recurso a parâmetros mais genéricos ou distantes como o direito ao processo equitativo (artigo 20.º, n.º 4, da Constituição) ou à presunção de inocência (artigo 32.º, n.º 2, da Constituição)[94].

Em processo em que o recorrente é uma pessoa coletiva, o Tribunal acordou em "julgar inconstitucional, por violação do princípio *nemo tenetur se ipsum accusare*, ínsito no artigo 32.º, n.º 1, da Constituição da República Portuguesa, a interpretação normativa dos artigos 61.º, n.º 1, alínea d), 125.º e 126.º, n.º 2, alínea a), todos do Código de Processo Penal, segundo a qual os documentos fiscalmente relevantes obtidos ao abrigo do dever de cooperação previsto no artigo 9.º, n.º 1, do Regime Complementar do Procedimento de Inspeção Tributária e Aduaneira e no artigo 59.º, n.º 4, da Lei Geral Tributária por uma inspeção tributária realizada a um contribuinte, durante a fase de inquérito de um processo criminal pela prática de crime fiscal movido contra o contribuinte inspecionado e sem o prévio conhecimento ou decisão da autoridade judiciária competente, podem ser utilizados como prova no mesmo processo".

O TC entendeu que a questão de constitucionalidade cuja apreciação lhe havia sido requerida deve ser respondida "independentemente de saber se a proteção proporcionada pelo parâmetro enunciado vale na mesma medida para os entes coletivos", o que, no caso, significou a afirmação de princípio segundo a qual o princípio *nemo tenetur se ipsum accusare*, ínsito no artigo 32.º, n.º 1, da CRP, também se estende às pessoas coletivas, gozando estas do direito à não autoincriminação.

[94] Cf. Ac. n.º 298/2019 e referências jurisprudenciais nacionais e europeias aí citadas.

3. A conformação do processo penal em que seja arguida pessoa coletiva por instrumentos de direito europeu e internacional

Também em relação a instrumentos de direito europeu e internacional se põe a questão de saber se valem também para as pessoas coletivas os direitos que consagram com relevância processual penal. E, em caso de resposta afirmativa, se têm o mesmo conteúdo que os direitos titulados por pessoa singular. Atente-se, nomeadamente, nos artigos 10.º, 11.º e 12.º da Declaração Universal dos Direitos do Homem, no artigo 14.º do Pacto Internacional sobre os Direitos Civis e Políticos, nos artigos 47.º e 48.º da Carta dos Direitos Fundamentais da União Europeia, no artigo 6.º da Convenção Europeia dos Direitos do Homem, no artigo 8.º da Convenção Americana de Direitos Humanos e no artigo 7.º da Carta Africana dos Direitos Humanos e dos Povos,

No plano do direito da União Europeia deve notar-se que a Diretiva (UE) 2016/343 do Parlamento Europeu e do Conselho, de 9 de março de 2016, relativa ao reforço de certos aspetos da presunção de inocência (e do direito de comparecer em julgamento em processo penal), reconhece que as necessidades e os níveis de proteção de alguns aspetos da presunção de inocência são diferentes consoante se trate de pessoas singulares ou coletivas. A diretiva não lhes é, por isso, aplicável, por ser prematuro legislar a nível da União sobre a presunção de inocência das pessoas coletivas, sem prejuízo da aplicação da presunção de inocência às mesmas, como previsto, em particular, na Convenção Europeia dos Direitos do Homem e interpretado pelo Tribunal Europeu dos Direitos do Homem e pelo Tribunal de Justiça.

Em abono do entendimento acabado de referir, o Tribunal de Justiça já usou como parâmetro de decisão o direito à não autoincriminação das pessoas coletivas no caso *Orkem c. Comissão* de 1989; e já decidiu no caso *DEB* de 22 de dezembro de 2010 (Processo C-279/09), que o "princípio da proteção jurisdicional efetiva, como consagrado no artigo 47.º da Carta dos Direitos Fundamentais da União Europeia, deve ser interpretado no sentido de que não está excluído que possa ser invocado por pessoas coletivas"[95].

[95] Sobre a primeira decisão, cf. *infra* Parte III, ponto 1.1., e sobre a segunda, João Loureiro, "Pessoas coletivas com fins lucrativos e apoio judiciário", p. 171 e ss., dando conta de jurisprudência contrária do Tribunal Europeu dos Direitos do Homem.

III. Questões em especial: a posição processual penal da pessoa coletiva arguida

A posição processual da pessoa coletiva arguida confronta a posição doutrinal maioritária dos que defendem a equiparação do seu estatuto processual penal ao da pessoa singular arguida, a partir do argumento fundamental de que a especial posição processual da primeira justifica um estatuto único (nem se compreenderia, de resto, que no mesmo processo pudesse haver arguidos com um estatuto com menos direitos), com a posição dos que, centrados na diferente natureza de uma e de outra, defendem uma equiparação apenas parcial que admite limitações no reconhecimento de determinados direitos processuais às pessoas coletivas. Podemos dizer que, para os primeiros, há que retirar todas as consequências da opção político-criminal de "disparar" contra a as pessoas coletivas com fogo de canhão (com sanções penais) em vez de balas (sanções administrativas ou contraordenacionais)[96], ao passo que para os segundos estaremos sempre perante entes *sem corpo para golpear e alma para condenar* que muitas vezes se encontrarão na relação com o Estado

[96] Cf. Lascuraín Sánchez, "Los programas de cumplimiento como programas de prudencia penal", p. 100. No mesmo sentido, Sousa Mendes, "O dever de colaboração e as garantias de defesa no processo sancionatório especial por práticas restritivas da concorrência", p. 23, nota 29. Sobre a posição processual da pessoa coletiva arguida, em geral, Maria João Antunes, "A posição processual da pessoa coletiva constituída arguida", p. 17 e ss.

numa posição significativamente distinta – numa relação melhor – da das pessoas singulares perante este[97].

1. A pessoa coletiva arguida e a prestação de declarações

Constitui um exemplo paradigmático da problemática específica do processo penal em que seja arguida uma pessoa coletiva o direito à prestação de declarações e consequentemente o seu direito ao silêncio. Os que se centram na diferente natureza da pessoa coletiva invocam o carácter pessoalíssimo do direito e a dificuldade em ultrapassar a dissociação entre quem titularia o direito – a pessoa coletiva – e quem o exerceria – o representante da pessoa coletiva no processo. A problemática mostra-se em disposições legais de determinados ordenamentos jurídicos e na jurisprudência dos tribunais.

1.1. Em geral

Na *Ley de enjuiciamiento criminal* espanhola, relativamente às declarações do representante da pessoa coletiva, os artigos 409 bis (fase de investigação) e 786 bis (fase de julgamento) salvaguardam os direitos ao silêncio, a não declarar contra si e a não confessar a culpa. Nos trabalhos preparatórios da Lei de 2011, que os introduziu no direito processual penal espanhol, a esta opção contrapôs-se, porém, a de deixar expresso que as disposições relativas às declarações do *imputado* e do *acusado*, incluído o exercício do direito à última palavra, não são aplicáveis às pessoas coletivas[98]. A explicitação no direito vigente dos direitos mencionados tem o sentido de deixar claro a admissibilidade do seu exercício através do representante da pessoa coletiva arguida, já que são direitos relativamente aos quais se poderia concluir que não é compatível com a sua especial natureza o gozo por parte de pessoa coletiva, ainda que representada no processo.

Estabelecendo a regra segundo a qual são aplicáveis às pessoas coletivas as normas relativas à pessoa singular que tenha a qualidade de

[97] Assim, Ana María Neira, *La instrucción de los procesos penales frente a las personas jurídicas*, p. 131 e ss.

[98] Sobre isto, Bajo Fernández/Feijoo Sánchez/Gómez-Jara, *Tratado de Responsabilidad Penal de las Personas Jurídicas*, p. 321.

imputado ou *acusado*, sempre que sejam compatíveis com a natureza específica das pessoas coletivas, o artigo 21.º da Lei chilena 20 393, de 2 de dezembro de 2009, remete em especial para o artigo 93.º, alínea *g)*, do CPP, que consagra o direito ao silêncio ou, em caso de prestação de declarações, o direito de não serem prestadas sob juramento. Também aqui, em face da regra geral segundo a qual são aplicáveis às pessoas coletivas as normas relativas à pessoa singular que tenha a qualidade de imputado ou acusado, compatíveis com a natureza específica das primeiras, houve o cuidado de salvaguardar o direito ao silêncio ou, em caso de prestação de declarações, o direito de não serem prestadas sob juramento.

Já do ponto de vista da jurisprudência, é de concluir que não é pacífico estender às pessoas coletivas o direito à não autoincriminação. A jurisprudência dos Estados Unidos da América, iniciada no caso *Hale v. Henke* de 1906, vai no sentido de o *privilegie against self-incrimination*, que se extrai agora da V Emenda da Constituição americana, só poder ser invocado por pessoas singulares. A denominada "*entity exception*" justifica-se, por o *privilegie against self-incrimination* ter que ver com direitos e interesses relativos à personalidade humana e porque há um amplo poder regulador do Estado sobre as pessoas coletivas que justifica por parte delas o cumprimento de deveres de colaboração[99]. Por seu turno, o Tribunal Constitucional alemão decidiu, em 26 de fevereiro de 1997, não estender o direito à não autoincriminação às pessoas coletivas, à luz do disposto nos artigos 1.º-1, 2.º-1, e 19.º-3, da Lei Fundamental, por se tratar de direito fundado na dignidade da pessoa humana e no direito geral de personalidade. A natureza do direito não permite que seja aplicável a pessoas coletivas[100].

Ainda que não possamos referenciar jurisprudência supranacional relevante que incida diretamente sobre o direito à não autoincriminação da pessoa coletiva arguida, das decisões onde a questão da titularidade do direito se pôs em relação a pessoas singulares decorre, com relevo

[99] Sobre isto, Sandra Oliveira e Silva, *O arguido como Meio de Prova contra si mesmo. Considerações em torno do princípio* nemo tenetur se ipsum accusare, p. 250 e s., e Jónatas Machado/ /Vera Raposo, "O direito à não-autoincriminação e as pessoas coletivas empresariais", p. 18 e ss.

[100] Cf. *BverGE* 95, 220 (241-2).

para a problemática, que para o TEDH o direito à não autoincriminação é um dos corolários do processo equitativo e do princípio da presunção de inocência, consagrados no artigo 6.º da CEDH. O direito abrange quer a prestação de declarações quer a prestação de informações e entrega de documentos[101]. Por seu turno, da jurisprudência do Tribunal de Justiça da União Europeia, iniciada no caso *Orkem c. Comissão*, de 1989, no domínio específico da infração às regras de concorrência e, por conseguinte em processo sancionatório não penal, decorre o que é sintetizado no Considerando (23) do Regulamento (CE) N.º 1/2003 do Conselho, de 16 de dezembro de 2002, relativo à execução das regras de concorrência estabelecidas nos artigos 81.º e 82.º do Tratado da União: "a Comissão deverá dispor, em todo o território da Comunidade, de poderes para exigir as informações necessárias para detetar eventuais acordos, decisões ou práticas concertadas proibidas pelo artigo 81.º do Tratado, ou eventuais abusos de posição dominante proibidos pelo artigo 82.º do Tratado. Ao cumprirem uma decisão da Comissão, as empresas não podem ser forçadas a admitir que cometeram uma infração, mas são de qualquer forma obrigadas a responder a perguntas de natureza factual e a exibir documentos, mesmo que essas informações possam ser utilizadas para determinar que elas próprias ou quaisquer outras empresas cometeram uma infração"[102].

1.2. No direito português

No direito português, o artigo 32.º da Constituição não explicita, entre as garantias do processo criminal, o direito à não autoincriminação. Considerando que esta disposição constitucional é fundante do direito à não autoincriminação, a questão está em saber se o gozo deste direito

[101] Sobre isto, Vânia Costa Ramos, "*Corpus Juris 2000* – Imposição ao arguido de entrega de documentos para prova e *nemo tenetur se ipsum accusare*", p. 142 e ss., Pinto de Albuquerque, *Comentário do Código de Processo Penal à luz da Constituição da República e da Convenção Europeia dos Direitos do Homem*, nota prévia ao artigo 345.º, e Sousa Mendes, "O dever de colaboração e as garantias de defesa no processo sancionatório especial por práticas restritivas da concorrência", p. 17 e ss. E, ainda, Ac. do TC n.º 298/2019.

[102] Sobre o caso e a jurisprudência subsequente do Tribunal de Justiça e do Tribunal de Comércio de Lisboa, Sousa Mendes, "O dever de colaboração e as garantias de defesa no processo sancionatório especial por práticas restritivas da concorrência", pp. 16 e s. e 25 e ss. E, ainda, Ac. do TC n.º 298/2019.

é compatível com a natureza da pessoa coletiva. Aceitando que o direito inclui no seu âmbito o direito de recusar a prestação de informações e a entrega de documentos, resulta claro que, nesta dimensão, se trata de direito cujo gozo é compatível com a natureza da pessoa coletiva. É já mais problemático, porém, concluir, sem mais, que o gozo do direito ao silêncio é compatível com a natureza da pessoa coletiva. E, se, por conseguinte, lhe são aplicáveis as normas do CPP que consagram, expressamente, o direito ao silêncio do arguido – os artigos 61.º, n.º 1, alínea *d)*, 141.º, n.º 4, alíneas *a) e b)*, 341.º, n.º 1, e 345.º, n.º 1. Além de que se coloca previamente a questão da *pessoalidade* das declarações do arguido em processo penal, por decorrer dos artigos 138.º, n.º 1, e 140.º, n.º 2, do CPP que a prestação de declarações por parte do arguido é um ato pessoal que não pode, em caso algum, ser feito por procurador.

Na doutrina portuguesa encontramos respostas positivas à pergunta relativa à titularidade do direito ao silêncio por parte das pessoas coletivas. Quer, em geral, quanto ao direito à não autoincriminação quer, em especial, em relação ao direito ao silêncio, em qualquer fase do processo, exercido por intermédio do representante[103].

Não tem, porém, constituído objeto da jurisprudência portuguesa a questão da titularidade do direito à não autoincriminação por parte de pessoas coletivas arguidas em processo penal. Pode concluir-se, contudo, por via de decisões judiciais proferidas em processo contraordenacional, que os nossos tribunais não excluem uma tal titularidade. Aplicando ao processo contraordenacional as garantias do processo penal, em face do disposto no n.º 10 do artigo 32.º da Constituição, os tribunais já concluíram pela titularidade do direito à não autoincriminação por parte de pessoas coletivas[104]. Mais recentemente, o TC entendeu que

[103] No sentido de ser razoável atribuir à pessoa coletiva o direito à não autoincriminação, Silva Dias/Vânia Costa Ramos, *O direito à não autoincriminação* (nemo tenetur se ipsum accusare) *no processo penal e contraordenacional português*, p. 42. E, ainda, Pinto de Albuquerque, *Comentário do Código de Processo Penal à luz da Constituição da República e da Convenção Europeia dos Direitos do Homem*, comentário ao artigo 61.º, Nm. 8, Jónatas Machado/Vera Raposo, "O direito à não-autoincriminação e as pessoas coletivas empresariais", p. 38 e ss., Germano Marques da Silva, "Questões processuais da responsabilidade penal das pessoas coletivas", p. 166, e Sousa Mendes, "O dever de colaboração e as garantias de defesa no processo sancionatório especial por práticas restritivas da concorrência", p. 23 e, em especial, nota 29.

[104] Cf. Acs. do Tribunal da Relação de Lisboa de 6 de abril de 2011 (Processo 1.724/09.27FLSB-3) e de 17 de abril de 2012 (Processo 594/11.5TAPDL.L1-5) e Ac. do TC n.º 461/2011.

as pessoas coletivas também gozam do direito à não autoincriminação no âmbito específico do processo penal, muito embora não resulte do acórdão uma qualquer problematização da questão. Pelo contrário, é até de concluir que para o Tribunal não é sequer discutível a extensão desse direito às pessoas coletivas[105].

2. A posição processual penal da pessoa coletiva arguida

Já concluímos que é doutrinalmente aceite que embora os direitos-garantia consagrados no artigo 32.º sejam eminentemente pessoais, faz sentido estendê-los às pessoas coletivas que possam ser responsabilizadas criminalmente, sem que isso signifique que as garantias valham exatamente nos mesmos termos. Independentemente de saber se o gozo dos direitos-garantias do processo criminal, constitucionalmente consagrados, são compatíveis com a natureza da pessoa coletiva ou se o gozo por parte desta é compatível com a natureza do direito, o que é facto é que as normas constitucionais de onde decorrem pretensões de defesa típicas de direitos subjetivos fundamentais de natureza processual, também consagram princípios constitucionais objetivos do processo penal que garantem que o Estado administre a justiça penal segundo determinadas regras[106]. Há princípios estruturais do processo penal que são independentes da natureza singular ou coletiva da pessoa arguida[107]. Referimo-nos, nomeadamente, porque com relevo direto na problemática, aos princípios da presunção de inocência e do contraditório, consagrados no artigo 32.º, n.ºs 2 e 5, parte final, da Constituição.

Por outro lado, há normas constitucionais estruturantes do processo penal, como as atinentes à estrutura acusatória do processo e ao processo equitativo, consagradas nos artigos 32.º, n.º 5, primeira parte, e 20.º, n.º 4, parte final, para as quais não releva a natureza singular ou coletiva da pessoa arguida, enquanto conferem *ao arguido* o estatuto de *sujeito processual* e, por via disso, lhe asseguram todas as garantias de

[105] Cf. *supra* Parte II, ponto 2.5.

[106] Neste sentido, cf. a Circular da *Fiscalia General del Estado* 1/2011, ponto, VI. 2. Sobre isto e o que segue, MARIA JOÃO ANTUNES, "A posição processual da pessoa coletiva constituída arguida", p. 28 e s.

[107] Assim, ANA MARÍA NEIRA, *La instrucción de los procesos penales frente a las personas jurídicas*, p. 142 e ss.

defesa e o direito à presunção de inocência até ao trânsito em julgado da sentença de condenação[108].

O estatuto processual do sujeito processual que é a pessoa coletiva arguida está enformado pelos *mesmos* vetores fundamentais que enformam o da pessoa singular arguida: pelo *direito de defesa* e pela *presunção de inocência* até ao trânsito em julgado da sentença de condenação[109]. Goza, por isso, a pessoa coletiva do direito à prestação de declarações, sem que o silêncio a possa desfavorecer quando seja perguntada por intermédio do seu representante sobre os factos que lhe são imputados e sobre o conteúdo das declarações que acerca deles prestar, bem como do direito de recusar a prestação de informações e a entrega de meios de prova como, por exemplo, documentos. A razão da equivalência de estatutos não decorre da pessoa coletiva em si e, nomeadamente, da sua personalidade jurídica, mas sim da garantia de um processo penal com determinada estruturação[110]. A natureza da pessoa coletiva e, nomeadamente, a circunstância de a sua personalidade ser jurídica e não natural não legitima a negação da equivalência de estatutos entre pessoas singulares e coletivas. Na medida em que o que legitima essa equivalência é a garantia de um processo penal com determinada estruturação e enformado

[108] Para uma concatenação entre estrutura acusatória, princípio da presunção de inocência e garantias de defesa, MARIA FERNANDA PALMA, "A constitucionalidade do artigo 342.º do Código de Processo Penal (o direito ao silêncio do arguido)", p. 102 e ss. Para uma caracterização da estrutura acusatória do processo penal português, MARIA JOÃO ANTUNES, *Direito Processual Penal*, pp. 21 e s., 39 e ss. e 76 e ss. Deve notar-se que o artigo 20.º, n.º 4, da CRP não é, porém, privativo do processo penal e que, em bom rigor é dispensável atenta a extensão da "constituição processual penal".

[109] Especificamente quanto à vigência do princípio da presunção de inocência em relação às pessoas coletivas, cf. as sentenças do Supremo Tribunal espanhol de 2 de setembro de 2015 e de 16 de março de 2016, comentadas por GÓMEZ-JARA, *El Tribunal Supremo ante la Responsabilidad Penal de las Personas Jurídicas. El inicio de una larga andadura*, pp. 44 e ss., 111 e ss. e 208 e ss. Sobre a primeira, em sentido concordante, também BAJO FERNÁNDEZ/FEIJOO SÁNCHEZ//GÓMEZ-JARA, *Tratado de Responsabilidad Penal de las Personas Jurídicas*, p. 340 e ss.

[110] Assim, PÉREZ GIL, "Marco normativo supranacional y toma en consideración de los derechos de las personas jurídicas en el proceso penal", p. 40 e s. No mesmo sentido, cf. as sentenças do Supremo Tribunal espanhol de 29 de fevereiro de 2016 e de 16 de março de 2016, comentadas por GÓMEZ-JARA, *El Tribunal Supremo ante la Responsabilidad Penal de las Personas Jurídicas. El inicio de una larga andadura*, pp. 74 e ss. e 114 e ss., BAJO FERNÁNDEZ/FEIJOO SÁNCHEZ/GÓMEZ-JARA, *Tratado de Responsabilidad Penal de las Personas Jurídicas*, p. 337, e CORAL ARANGÜENA FANEGO, "El derecho al silencio, a no declarar contra uno mismo y a no confesarse culpable de la persona jurídica y el régimen de *compliance*", p. 441 e ss.

por certos princípios, o direito de defesa e a presunção de inocência até ao trânsito em julgado da sentença de condenação enformam o estatuto processual de qualquer pessoa coletiva que seja arguida em processo penal, como decorrência óbvia da opção prévia no sentido da sua responsabilização criminal[111].

Consequentemente, desde o momento em que a pessoa coletiva adquirir a qualidade de arguida é-lhe assegurado o exercício de direitos e de deveres processuais, sem prejuízo da aplicação de medidas de coação e de garantia patrimonial e da efetivação de diligências probatórias, nos termos especificados na lei. Vale aqui inteiramente o disposto no artigo 60.º do CPP e o entendimento de que a constituição de arguido é, ela mesma, uma *garantia* dada a quem vê dirigir-se contra si um processo penal, por de tal constituição decorrer para o visado o estatuto de sujeito processual[112]. Isto é, por da constituição de arguido decorrer que durante todo o decurso do processo vai poder *participar de forma constitutiva na declaração do direito do caso concreto*, exercendo *direitos processuais autónomos*, nomeadamente os elencados no n.º 1 do artigo 61.º do CPP, de harmonia com a opção constitucional da estruturação acusatória do processo penal[113]. Para o exercício cabal de determinados direitos processuais autónomos, tendo em vista a possibilidade efetiva de *codeterminar* a decisão final que venha a ser proferida, a pessoa coletiva deverá gozar, em especial, em qualquer fase do processo, também do direito de ser representada no processo por pessoa física por si designada para o efeito.

Além de direitos processuais autónomos, o estatuto processual da pessoa coletiva arguida deverá ser integrado pelo cumprimento de deveres processuais, tal como previsto no artigo 61.º, n.º 3, do CPP para os arguidos pessoas singulares, como, por exemplo, o dever de comparecer perante autoridade judiciária ou órgãos de polícia criminal sempre que a lei o exigir e para tal tiver sido devidamente notificada; o dever de se identificar e indicar o domicílio para o efeito de ser notificada mediante via postal simples; e de se sujeitar a diligências de prova e a medidas

[111] Cf. *supra* Parte II, ponto 1.

[112] Cf. Maria João Antunes, *Direito Processual Penal*, p. 39 e ss.

[113] Para o conceito de sujeito processual aqui implicado, por contraposição ao de mero participante processual, Figueiredo Dias, "Sobre os sujeitos processuais no novo Código de Processo Penal", p. 9.

de coação e de garantia patrimonial[114]. Para o cumprimento efetivo de determinados deveres processuais, deverá recair em especial sobre a pessoa coletiva arguida o dever de designar pessoa física que a represente no processo.

3. O direito à não autoincriminação

Toda a pessoa coletiva que seja arguida em processo penal goza do direito à não autoincriminação. A posição processual de sujeito no âmbito de um processo estruturado segundo determinados princípios e modelo garante a pessoa coletiva com o gozo dos direitos de defesa e de ser presumida inocente até ao trânsito em julgado da decisão de condenação. O processo criminal assegura à pessoa coletiva todas as garantias de defesa e, consequentemente, o direito à não autoincriminação[115].

3.1. Não prestação de declarações e não entrega de meios de prova

Além da dimensão positiva do direito liberdade de prestar declarações por intermédio de quem seja designado como seu representante no processo, vale também para a pessoa coletiva arguida a dimensão negativa desse direito, a que tem que ver com a não prestação de declarações. Por intermédio de quem a represente no processo, a pessoa coletiva pode não responder a todas as perguntas que lhe sejam feitas ou a parte delas, por qualquer entidade, sobre os fatos que lhe forem imputados e sobre o conteúdo das declarações que acerca deles prestar, bem como sobre os seus antecedentes criminais, sem que o seu silêncio a possa desfavorecer (artigos 61.º, n.º 1, alínea *d)*, 343.º, n.º 1, e 345.º, n.º 1, segunda parte do CPP)[116]. Já tem, porém, o dever de responder com

[114] No sentido de alguns destes deveres, Pinto de Albuquerque, *Comentário do Código de Processo Penal à luz da Constituição da República e da Convenção Europeia dos Direitos do Homem*, comentário ao artigo 61.º, Nm. 11.

[115] É este o sentido do Ac. do TC n.º 298/2019, já citado. Na doutrina espanhola, com referências doutrinais, Gascón Inchausti, "Los desafíos del proceso frente a personas jurídicas en la legislación y en la praxis española: representación y derecho a no autoincriminarse", p. 110 e s.

[116] No sentido de o direito ao silêncio do arguido abranger as perguntas sobre os seus antecedentes criminais, com referências bibliográficas, Maria João Antunes, *Direito Processual Penal*, pp. 127 e 178 e s.

verdade às perguntas feitas por entidade competente sobre a identidade da pessoa coletiva (artigo 61.º, n.º 3, alínea *b)*, do CPP)[117].

Não bastará, porém, afirmar que o representante da pessoa coletiva pode não responder a perguntas sobre os factos que forem imputados a esta e sobre o conteúdo das declarações que acerca deles prestar. Sob pena de não poder ser exercido efetivamente o direito ao silêncio da arguida, as pessoas singulares que ocupem na pessoa coletiva uma posição de liderança e que intervenham no processo na qualidade de testemunhas, têm de poder recusar-se a responder a perguntas de cuja resposta resulte a responsabilização penal da pessoa coletiva. O dever de colaboração com a administração da justiça deve ceder perante deveres legais e estatutários de lealdade, segredo e confidencialidade que, no limite, garantem o direito à não autoincriminação da pessoa coletiva. O dever de prestar depoimento e de o fazer com verdade, por parte das pessoas individuais que intervenham processualmente na veste de testemunhas e que não sejam arguidas nem tão pouco representantes da pessoa coletiva no processo, deve poder cessar e dar lugar à recusa de depoimento, para não desvirtuar o direito ao silêncio da pessoa coletiva arguida[118].

Por outro lado, quem represente a pessoa coletiva no processo penal poderá sempre recusar-se a entregar meios prova, nomeadamente, documentos, relativamente aos quais subsistirá sempre a via da apreensão no âmbito de uma busca. Para o efeito, o que passa a ser relevante é a delimitação dos locais onde se pode proceder à busca de documentos, podendo haver delimitações mais ou menos amplas[119]. Há, porém, quem entenda que há que distinguir os documentos que existem independentemente da vontade que a pessoa coletiva arguida tem de colaborar através do seu representante no processo, dado o seu carácter obrigatório por força de lei, dos documentos que correspondem à opção da

[117] Cf. *supra* Parte I, ponto 5.2. sobre isto e, em especial, sobre a problemática das consequências da falta de resposta ou da falsidade da mesma.

[118] Na conclusão, Gascón Inchausti, *Proceso Penal y Persona Jurídica*, p. 142 e s., e "Los desafíos del processo frente a personas jurídicas en la legislación y en la praxis española: representación y derecho a no autoincriminarse", p. 119 e s. Cf. *supra* Parte I, ponto 5.1.

[119] Sobre o conceito de domicílio da pessoa coletiva consagrado na lei processual penal espanhola, Gascón Inchausti, "Los desafíos del processo frente a personas jurídicas en la legislación y en la praxis española: representación y derecho a no autoincriminarse", p. 122 e ss.

pessoa coletiva em estabelecer determinados controlos internos da sua atividade (por exemplo, a documentação resultante do canal de denúncias instituído ou de determinada investigação interna levada a cabo) ou a resposta a solicitação de órgãos de investigação criminal. A consequência da distinção é a de o direito de recusar a entrega de documentos valer apenas relativamente ao segundo tipo[120].

Preciso é, porém, que se acautele que o pedido de meios de prova seja dirigido ao representante da pessoa coletiva no processo. Não pode ser contornada a possibilidade de recusa por via de pedido a outras pessoas individuais que aí ocupem uma posição de liderança ou a quem seja um dos seus trabalhadores e detenha os documentos em nome e por conta da pessoa coletiva. Estas pessoas devem poder recusar a entrega dos meios de prova solicitados. Mais: a prova não pode ser valorada quando os meios de prova forem facultados por pessoa singular distinta do representante da pessoa coletiva (pessoa que aqui ocupe uma posição de liderança ou que seja apenas um dos seus trabalhadores) contra a exigência de o pedido dever ser dirigido a quem representa a pessoa coletiva. Nestas circunstâncias, a valoração de uma tal prova significaria privar a pessoa coletiva do direito de decidir sobre a entrega no processo de determinado meio de prova[121].

Questão distinta, ainda enquadrável no âmbito de proteção do direito à não autoincriminação da pessoa coletiva arguida, é a de saber se podem ser valorados em processo penal documentos obtidos num outro âmbito, antes de o processo penal ter início ou já no decurso deste. A de saber, portanto, se podem ser "emprestadas" ao processo penal provas produzidas fora dele. No Ac. 298/2019, já referido[122], o TC entendeu que viola o direito à não autoincriminação da pessoa coletiva a utilização em processo penal tributário da prova obtida numa inspeção

[120] Para esta distinção, com referências jurisprudenciais, ANA MARÍA NEIRA, *La instrucción de los procesos penales frente a las personas jurídicas*, p. 285 e ss., e CORAL ARANGËNA FANEGO, "El derecho al silencio, a no declarar contra uno mismo y a no confesarse culpable de la persona jurídica y el régimen de *compliance*", p. 469 e ss.

[121] Na conclusão, GASCÓN INCHAUSTI, *Proceso Penal y Persona Jurídica*, p. 123 e ss., e "Los desafíos del proceso frente a personas jurídicas en la legislación y en la praxis española: representación y derecho a no autoincriminarse", p. 113 e ss.

[122] Cf. *supra* II, ponto 2.5. Tem particular relevo para o que é dito a seguir a declaração de voto aposta pelo Conselheiro Presidente Costa Andrade.

tributária realizada ao contribuinte arguido, sem o prévio conhecimento ou decisão da autoridade judiciária, em momento em que já decorria o inquérito correspondente àquele processo. Reiterou, porém, o julgamento de não inconstitucionalidade feito no Ac. n.º 340/2013 onde se põe a questão da valoração em processo penal de documentos obtidos em inspeção tributária iniciada antes da instauração do processo penal tributário[123].

A pertinência da temática da "prova emprestada" em processo penal em que seja arguida pessoa coletiva mostra-se de forma particular quando se faça a conexão com os programas de *compliance* e, muito concretamente, com a prova produzida no âmbito das *investigações internas* que são feitas na empresa e pela empresa. Passa a ter relevo específico na problemática da valoração de prova produzida fora do processo penal a circunstância de a produção dos meios de prova ocorrer em entidade privada e por entidade privada e a de a pessoa coletiva poder querer apresentar esses meios de prova em processo penal no exercício do seu direito de defesa[124]. Ainda que não o tenha afirmado a título principal, o Supremo Tribunal Espanhol já entendeu que não podem ser utilizados em processo penal, por falta de valor probatório, elementos de prova como mensagens de correio eletrónico, obtidos pela empresa segundo as regras do direito laboral, uma vez que a inviolabilidade das comunicações só pode ser quebrada com autorização judicial[125].

[123] Criticamente sobre este Ac., em que o recorrente é pessoa individual, Costa Andrade, "*Nemo tenetur se ipsum accusare* e direito tributário. Ou a insustentável indolência de um acórdão (n.º 340/2013) do Tribunal Constitucional", p. 121 e ss. Sobre isto, relativamente ao direito espanhol, com referências doutrinais e jurisprudenciais, Gascón Inchausti, "Los desafíos del proceso frente a personas jurídicas en la legislación y en la praxis española: representación y derecho a no autoincriminarse", p. 115 e ss.

[124] Sobre isto e em geral, Ana María Neira, "Sherlock Holmes en el centro de trabajo. Las investigaciones internas empresariales", p. 61 e ss., Ana Pais, "Os programas de *compliance* e o risco de privatização do processo penal. Em especial, a problemática da "prova emprestada" e o princípio *nemo tenetur se ipsum accusare*", p. 671 e ss., e Maria João Antunes, "Privatização das investigações e *compliance* criminal", p. 121 e ss.

[125] Cf. a STS 2844/2014, de 16 de junho. Sobre esta decisão, Adán Nieto, "Investigaciones internas", p. 261 e s.

3.2. Factos relativamente aos quais incide o direito à não autoincriminação

O modelo de imputação da responsabilidade penal das pessoas coletivas adotado tem repercussões na conformação concreta da posição processual da pessoa coletiva arguida no processo penal. Independentemente de enquadrarmos o artigo 11.º do CP em fórmulas de feição de mais ou menos hétero-responsabilidade, atento o disposto na alínea *b)* do n.º 2 do artigo, tal posição processual não se pode "confundir" com a da pessoa singular arguida[126]. Há obstáculos de natureza constitucional e legal a uma responsabilização penal da pessoa coletiva por facto de outrem que não a faça depender de factos, processualmente relevantes, que lhe são exclusivamente atinentes e por via dos quais se afirma a responsabilidade penal própria da pessoa coletiva. É, por isso, pertinente delimitar os factos que, no processo, são penalmente relevantes para a responsabilização da pessoa coletiva, por contraposição aos factos penalmente relevantes para a responsabilização da pessoa singular. É em relação aos primeiros que vale o direito à não autoincriminação da pessoa coletiva.

Segundo determinado entendimento, os factos penalmente relevantes para o processo penal devem dividir-se em "factos de referência", os que correspondem ao comportamento da pessoa singular que é suscetível de preencher um dos tipos legais de crime em relação ao qual é admissível a responsabilização da pessoa coletiva – factos que são simultaneamente imputados a uma e a outra, muito embora tenham sido protagonizados apenas pela pessoa singular; "factos próprios da pessoa singular", aqueles de que depende a responsabilização penal a título individual; e os "factos internos da pessoa coletiva", aqueles que são relevantes apenas para afirmar a responsabilidade penal própria do ente coletivo[127]. Quanto a estes e tendo em mente o disposto no artigo 11.º do CP, são de salientar, desde logo, os segmentos "em nome e no interesse

[126] Sobre o modelo português de imputação do facto à pessoa coletiva, Germano Marques da Silva, "Responsabilidade penal das pessoas coletivas. Alterações ao Código Penal introduzidas pela Lei n.º 59/2007, de 4 de setembro", p. 73 e ss., e Susana Aires de Sousa, *Questões Fundamentais de Direito Penal Empresarial*, p. 105 e ss.

[127] Seguimos a divisão de Gascón Inchausti, *Proceso Penal y Persona Jurídica*, p. 34 e ss., e "Los desafíos del proceso frente a personas jurídicas en la legislación y en la praxis española: representación y derecho a no autoincriminarse", p. 97 e ss. Assim também, Ana María Neira, "La prueba en el proceso penal frente a las personas jurídicas", p. 270 e ss.

da pessoa coletiva", "pessoas que nelas ocupem uma posição de liderança" e "por quem aja sob a autoridade das pessoas que nelas ocupem uma posição de liderança"[128]. Entre os "factos internos", é de destacar que o facto de conexão determinante da responsabilidade penal da pessoa coletiva há de resultar de uma violação dos deveres que incumbem à *pessoa física concreta* que ocupe uma posição de liderança. Pelo que, em concreto, nem todos quantos ocupem uma posição de liderança poderão vincular a pessoa coletiva ao ponto de esta ser criminalmente responsabilizada. Num recurso que correu os seus termos no Tribunal da Relação de Coimbra por prática de crime de violação de regras de segurança com resultado morte, o Tribunal acordou – e bem – em não confirmar a condenação da pessoa coletiva arguida, por ter sido provado na audiência de julgamento que o pelouro da higiene e segurança no trabalho incumbia a pessoa física representante da pessoa coletiva distinta da que constava na acusação com a qualidade de pessoa que ocupava uma posição de liderança na pessoa coletiva. Entendeu-se, por isso, que a decisão condenatória recorrida era *nula*, por haver condenado por factos que alteravam substancialmente os descritos na acusação e acordou-se em remeter autos à 1.ª instância com vista à sanação do vício[129].

A autonomia dos "factos internos" é, por demais, evidente se tivermos em mente, nomeadamente, as causas de isenção e de atenuação da responsabilidade penal das pessoas coletivas que podem estar legalmente previstas e que, como já vimos, estão hoje associadas aos programas de *compliance*[130]. Ainda que a problemática da prova relativa aos "factos internos" possa perder relevância quando se impute o facto ilícito típico à pessoa coletiva segundo o modelo da autorresponsabilidade e se dê relevância substantiva de certo tipo a programas de *compliance*[131]. Será assim tanto mais quanto a lei penal explicite o conteúdo

[128] Sobre isto, Carlos Adérito Teixeira, "A pessoa coletiva como sujeito processual ou a 'descontinuidade' processual da responsabilidade penal", p. 130 e ss., e "Perspetiva judiciária da imputação do facto da pessoa singular à pessoa coletiva", p. 143 e ss.

[129] Cf. ac. de 26 de fevereiro de 2017 (Recurso 1609/12.5TACBR.C126, ainda não disponível). Sobre este aspeto da responsabilidade penal das pessoas coletivas, à luz do artigo 11.º do CP, Susana Aires de Sousa, *Questões Fundamentais de Direito Penal Empresarial*, p. 107 e ss.

[130] Cf. *supra* Introdução, ponto 2.

[131] Sobre esta relevância substantiva, Anabela Rodrigues, *Direito Penal Económico. Uma Política Criminal na Era Compliance*, p. 67 e ss., e Paulo Busato, "*Criminal compliance*: relevância e riscos", p. 456 e ss.

de tais programas e adote a via da estandardização e certificação de tais programas. Por exemplo, o CP espanhol prevê a isenção da responsabilidade penal da pessoa jurídica com fundamento na adoção e execução de modelos de organização e gestão que incluem medidas de vigilância e controlo idóneas a prevenir delitos da mesma natureza e para reduzir de forma significativa o risco da sua prática e determina que esses modelos de organização e gestão devem cumprir requisitos que explicita (artigo 31.º bis, n.ºs 2, 1.ª condição, e 5); a Lei chilena 20 393, de 2 de dezembro de 2009, consagra a isenção de responsabilidade penal da pessoa jurídica que tiver adotado e implementado modelos de organização, administração e supervisão para prevenir delitos como o cometido, explicita alguns dos elementos que o modelo de prevenção de delitos deverá conter e prevê mesmo que a pessoa jurídica possa obter a certificação da adoção e implementação desse modelo (artigos 3.º e 4.º)[132].

De acordo com a divisão apontada, a pessoa coletiva arguida pode exercer o direito à não autoincriminação relativamente aos "factos de referência" e aos seus "factos internos"[133]. Por intermédio do seu representante pode não responder a todas as perguntas que lhe sejam feitas ou a parte delas, por qualquer entidade, relativamente aos "factos de referência" e aos "factos internos da pessoa coletiva". Podem também recusar o depoimento quanto a esses mesmos factos as pessoas individuais que não sejam arguidas e que não intervenham como representante da pessoa coletiva no processo, sempre que a prestação do mesmo possa desvirtuar o direito ao silêncio desta. Já as pessoas individuais que também sejam arguidas no processo podem exercer o direito ao silêncio em relação aos mesmos "factos de referência" e aos que são "factos próprios", tendo o dever de depor e de depor com verdade quando inquiridas sobre "factos internos da pessoa coletiva", sem prejuízo da possibilidade de recusa do depoimento se entre umas e outra intercederem relações de certo tipo que justifiquem o cumprimento de deveres de

[132] Sobre a lei espanhola, GONZÁLEZ CUSSAC, "Condiciones y requisitos para la eficacia eximente o atenuante de los programas de prevención de delitos", p. 338 e ss.; sobre a chilena, SOTO DÍAZ, "La responsabilidad de las personas jurídicas en Chile", p. 406.

[133] Sobre isto e o que se segue, GASCÓN INCHAUSTI, "Los desafíos del proceso frente a personas jurídicas en la legislación y en la praxis española: representación y derecho a no autoincriminarse", p. 113 e ss.

lealdade, segredo e confidencialidade e garantam o direito ao silêncio da pessoa coletiva.

O representante da pessoa coletiva no processo pode, ainda, recusar-se a entregar meios de prova atinentes aos "factos de referência" e aos "factos internos da pessoa coletiva", mas já não em relação aos "factos próprios da pessoa singular". Uma tal possibilidade de recusa estende-se aos que ocupando uma posição de liderança não representem a pessoa coletiva no processo, bem como aos que não ocupando uma posição deste tipo os detenham em nome e por conta desta.

IV. Questões em especial: o representante e o defensor da pessoa coletiva arguida em processo penal

O estatuto de arguida em processo penal faz da pessoa coletiva um sujeito processual que tem de estar representado no processo por uma pessoa singular, por um "rosto visível", uma "cara", por ser esta a via do exercício de alguns dos direitos que passa a gozar e do cumprimento de alguns dos deveres que sobre si passam a recair (direitos e deveres de intervenção pessoal), a partir do momento em que é constituída arguida. Por exemplo, o direito de estar presente aos atos processuais que diretamente lhe disserem respeito ou o direito às últimas declarações (artigos 61.º, n.º 1, alínea *a)*, e 361.º, n.º 1, do CPP) e o dever de comparecer perante o juiz, o Ministério Público ou os órgãos de polícia criminal sempre que a lei o exigir e para tal tiver sido devidamente convocada (artigo 61.º, n.º 3, alínea *a)*, do CPP). Por Sentença do Supremo Tribunal espanhol foi cassada e anulada decisão judicial condenatória de pessoa jurídica, por o seu representante no processo não ter sido notificado devidamente para estar presente em juízo, obviando assim à sua prestação de declarações e ao exercício dos direitos inerentes[134].

A alternativa passaria pela "representação" da pessoa coletiva pelo defensor, o que sucede, por exemplo, nos Estados Unidos da América, de acordo com a regra 43.*b)*.1 das *Federal Rules of Criminal Procedure* e chegou a ser ponderado nos trabalhos preparatórios da lei espanhola

[134] Cf. STS 757/2019, de 8 de março.

de 2011[135]. Esta solução é do agrado de quem critica à representação por pessoa singular distinta do defensor a "humanização", a "hominização", a "personificação", que envolve e de quem não reconhece a esta via vantagens do ponto de vista das garantias processuais da pessoa coletiva arguida[136 137].

No processo penal português erguer-se-ia sempre um obstáculo inultrapassável à via da representação da pessoa coletiva constituída arguida pelo defensor, uma vez que tem, ele próprio, o estatuto de sujeito do processo penal (artigos 32.º, n.º 3, parte final, da CRP e 64.º do CPP). Não lhe compete estritamente representar os interesses do arguido, mas antes o papel de órgão de administração da justiça que atua no exclusivo interesse da defesa[138]. Além de que tal via anularia a dimensão de autodefesa que integra o direito de defesa dos arguidos, direito que passaria a confundir-se com a defesa técnica[139], sendo certo que o artigo 32.º da CRP não o confunde ao autonomizar entre as várias garantias de defesa que arguido tem o direito de escolher defensor e a ser por ele assistido em todos os atos do processo.

É de concluir que só por via da "personificação", por via da representação da pessoa coletiva arguida no processo por um "rosto visível", por uma "cara", há equiparação do estatuto processual da primeira ao da pessoa singular e que só desta forma fica claro que o processo penal também assegura à pessoa coletiva arguida *todas as garantias* de defesa. O representante no processo "é quem supre a falta de aparência física da pessoa coletiva, quem humaniza a sua presença nas intervenções processuais"[140].

[135] Cf. Circular da *Fiscalia General del Estado* 1/2011, ponto, VI.2.

[136] Assim, encabeçando posição minoritária, Antonio del Moral, "El estatuto jurídico procesal".

[137] Sobre isto, Gascón Inchausti, *Proceso Penal y Persona Jurídica*, p. 79, e Sabela Oubiña/ /Raquel López, "La regulación de la persona jurídica imputada en el proceso penal: modelos a debate", p. 46 e ss.

[138] Sobre o estatuto processual do defensor, cf. Figueiredo Dias, "Sobre os sujeitos processuais no novo Código de Processo Penal", p. 11, e Maria João Antunes, *Direito Processual Penal*, p. 46 e ss.

[139] Não é, porém, pacífico que o fundamento da autodefesa subsista totalmente ou em parte quando o direito seja exercido por via de um representante. Sobre isto, Ana María Neira, *La instrucción de los procesos penales frente a las personas jurídicas*, p. 178 e s.

[140] Cf. Nicolás Rodriguez, "Adecuación del proceso penal español a la fijación legal de la responsabilidade criminal de las personas jurídicas", p. 163.

1. Designação do representante da pessoa coletiva arguida no processo

Há que saber quem pode ser designado no processo representante da pessoa coletiva, porque não tem que ser um seu representante legal. Com efeito, a solução de ordenamentos jurídicos que têm norma expressa aponta no sentido de o representante da pessoa coletiva no processo penal não ter que ser, necessariamente, o representante legal. Segue-se a regra de que cabe à pessoa coletiva a designação de quem a represente na qualidade de arguida, o que sucede na Lei Processual Penal espanhola (artigos 119.1.*a*), 120 e 786 bis); ou a de que a representação cabe ao representante legal, sem prejuízo de se admitir que possa ser pessoa sem esta qualidade, o que ocorre no CPP francês, na Lei chilena 20 393, de 2 de dezembro de 2009, e na Lei argentina 27 401, de 1 de dezembro de 2017 (artigos 706-43, 22 e 23 e 13, respetivamente).

A solução de poder ser pessoa singular distinta do representante legal não tem que ver apenas com a vantagem que habitualmente se lhe aponta de diminuir os danos à reputação da pessoa coletiva, por evitar que um seu administrador se sente no "banco dos réus". Tem que ver também e decididamente com o modelo de imputação da responsabilidade penal às pessoas coletivas adotado ou com a configuração concreta dada ao modelo base de que se parte.

A relação de conflito potencial entre a pessoa coletiva arguida e a pessoa singular arguida no mesmo processo, que justifica a solução de não ser o representante legal da primeira a representá-la, é tanto maior quanto menor for a relevância do facto praticado em nome da pessoa coletiva e no interesse coletivo por quem, ocupando uma posição de liderança, integre os órgãos da pessoa coletiva ou a represente. Dizendo de outra forma, a relação de conflito potencial entre uma e outra é tanto maior quanto maior for a imputação do facto à pessoa coletiva segundo o modelo da autorresponsabilidade. Tanto maior quanto o facto de conexão seja pressuposto e não fundamento da responsabilidade penal da pessoa coletiva. E é tanto maior quanto maior seja a relevância substantiva dos programas de *compliance*, inquestionavelmente ligados a esse modelo. Tendo já em vista a solução que veio a ser adotada em 2015 no CP espanhol, no sentido de a adoção de tais programas ter como contrapartida a isenção da responsabilidade penal da pessoa coletiva (artigo

31 bis), o Projeto de CPP espanhol de 2013 consagra a solução de ser a pessoa física especificamente designada como diretor do sistema de controlo interno quem representa a pessoa coletiva (artigo 51.º)[141].

Para o processo penal português é defensável a solução legislativa de representar a pessoa coletiva arguida a pessoa singular que seja designada pela primeira. Na hipótese de a pessoa coletiva arguida não designar representante ou enquanto não proceda à designação é que se justifica valer subsidiariamente o critério de ser ter por representada pelo representante legal (ou por quem aja como diretor, gerente ou administrador). A pessoa coletiva deve ainda ser representada pelo representante legal no momento em que é constituída arguida. Nesta última hipótese, justifica-se que seja comunicado ao representante legal que, a partir desse momento, a pessoa coletiva deve considerar-se arguida num processo penal, devendo ser-lhe indicado, especificamente, que a representada tem o direito de designar um representante, para o efeito de a representar no processo enquanto arguida. O que já não é defensável é uma qualquer designação por parte da autoridade judiciária competente, seja por parte do ministério público, do juiz de instrução ou do juiz de julgamento.

Questão distinta é a de saber se a falta de designação do representante da pessoa coletiva no processo deve ser suprida pela autoridade judiciária competente ou se se deve entender antes que a falta de designação não é um obstáculo ao desenrolar do processo em que é arguida, significando apenas que é por opção da pessoa coletiva que não são exercidos direitos processuais de intervenção pessoal[142]. Seja qual for a resposta, que passará também pela existência ou não de deveres de intervenção pessoal, será sempre de rejeitar que na falta de designação do representante a pessoa coletiva seja *representada* pelo defensor, no sentido específico de assumir a posição processual de representante da pessoa coletiva arguida no processo. O defensor não pode, por exemplo,

[141] Sobre esta solução, Coral Arangëna Fanego, "El derecho al silencio, a no declarar contra uno mismo y a no confesarse culpable de la persona jurídica y el régimen de *compliance*", p. 449 e s.

[142] Neste último sentido, referindo-se ao direito espanhol, Gascón Inchausti, "Los desafíos del proceso frente a personas jurídicas en la legislación y en la praxis española: representación y derecho a no autoincriminarse", p. 107.

prestar declarações sobre os factos imputados à pessoa coletiva, por se tratar de *ato reservado pessoalmente à arguida* (artigo 63.º, n.º 1, do CPP)[143], mas já pode (deve), porque o faz na qualidade de defensor, representar a arguida na audiência que tiver lugar na ausência do seu representante no processo, nos termos previstos nos artigos 64.º, 196.º e 332.º e ss. do CPP. Solução distinta comportaria uma indesejável confusão de posições processuais.

A designação do representante no processo da pessoa coletiva arguida tem de ser formalizada para assegurar que a atuação processual da pessoa singular tem lugar na qualidade de representante da primeira, o que é especialmente relevante quando a pessoa física também seja ou possa ser arguida por referência aos mesmos factos. Só a exigência de especificação da atuação da pessoa individual como representante designado pela pessoa coletiva, por exemplo nos termos do disposto no artigo 119 da *Ley de Enjuiciamiento Criminal* espanhola, assegura que declarações prestadas pela pessoa singular o são nessa qualidade (de representante) e não a título individual, ainda que sejam prestadas na qualidade de representante legal da pessoa coletiva[144]. A formalização da designação do representante escolhido pela pessoa coletiva para a representar no processo em que é arguida tem ainda a vantagem de evitar que se confunda a posição processual de representante com a de pessoa individual. Em sentença de 3 de novembro de 2016, o Tribunal Supremo espanhol entendeu que não podia ser condenado a título individual o administrador de uma sociedade que no decurso do processo teve sempre exclusivamente a posição de representante da pessoa coletiva[145].

[143] No sentido de os direitos que a lei reservar pessoalmente ao arguido serem exercidos, no caso de pessoa coletiva, pelo seu representante no processo, PINTO DE ALBUQUERQUE, *Comentário do Código de Processo Penal à luz da Constituição da República e da Convenção Europeia dos Direitos do Homem*, comentário ao artigo 63.º, Nm. 7.

[144] Sobre isto, com as referências jurisprudenciais pertinentes, GÓMEZ-JARA, *El Tribunal Supremo ante la Responsabilidad Penal de las Personas Jurídicas. El inicio de una larga andadura*, p. 228 e ss.

[145] Cf. STS 827/2016, de 3 de novembro, comentada por GÓMEZ-JARA, *El Tribunal Supremo ante la Responsabilidad Penal de las Personas Jurídicas. El inicio de una larga andadura*, p. 224 e ss.

2. Limites à designação pela pessoa coletiva arguida do seu representante no processo

A liberdade que é dada à pessoa coletiva arguida para designar quem a representa no processo penal pode ser limitada para obstar à confusão entre a qualidade de representante da pessoa coletiva e a qualidade de testemunha ou de arguido no mesmo processo. É isso que colhemos das soluções de ordenamentos jurídicos onde há norma expressa.

Por contraposição a soluções que não estabelecem um tal limite, o artigo 786 bis da Lei Processual Penal espanhola estabelece que não pode ser representante da pessoa coletiva, em julgamento, quem deva prestar no processo declarações na qualidade de testemunha. A razão de ser da norma reside em evitar a fraude que consistiria em obstar a declarações testemunhais incriminatórias de quem tem o dever de falar com verdade, designando quem tem o direito ao silêncio enquanto representante da pessoa coletiva arguida (artigos 409 bis e 786 bis). Com o inconveniente, porém, de poder ficar comprometida a defesa da pessoa coletiva, por poder ficar privada de pessoa da sua confiança que conhece a matéria que é objeto do processo penal e que, seria, portanto, a mais adequada do ponto de vista do exercício do direito de defesa[146].

Aceitar sem mais que o representante designado pela pessoa coletiva possa ser convocado como testemunha, em nome da descoberta da verdade e da realização da justiça, equivale a admitir, em bom rigor, que o arguido pessoa singular, titular do direito ao silêncio, possa ser notificado para depor na qualidade de testemunha, impendendo sobre ele o dever de testemunhar com verdade. Além do mais, a fraude que se quer evitar só faz sentido ser invocada se as declarações da testemunha tiverem que ver com factos de que dependa a responsabilidade criminal da pessoa coletiva. Também por esta razão é pertinente distinguir os factos penalmente relevantes para o processo penal em "factos de referência", "factos próprios da pessoa singular" e os "factos internos da pessoa coletiva"[147].

[146] Sobre a solução da lei espanhola, criticamente, GASCÓN INCHAUSTI, *Proceso Penal y Persona Jurídica*, pp. 81 e ss. e 139 e ss., e "Los desafíos del proceso frente a personas jurídicas en la legislación y en la praxis española: representación y derecho a no autoincriminarse", p. 105 e s., MARIA AMPARO RENEDO, "La imputación de la persona jurídica", p. 103 e s., e MORENO CATENA, "El derecho de defensa de las personas jurídicas", p. 1036 e ss.

[147] Cf. *supra* Parte III, ponto 3.2.

Por contraposição a ordenamentos jurídicos que estabelecem de forma expressa o limite erguido pela lei espanhola, há outros que optam por assegurar que não confluam na mesma pessoa física as qualidades de arguido e de representante da pessoa coletiva ou mesmo por proibir essa confluência. Constitui exemplo da primeira solução o francês. De acordo com o artigo 706-43 do CPP, representa a pessoa coletiva no processo quem for nessa altura o seu representante legal, ressalvada a hipótese de também ser instaurado processo contra este pelos mesmos factos ou factos conexos, caso em que o representante legal pode requerer ao tribunal a nomeação de um representante da pessoa coletiva; e da segunda solução o ordenamento jurídico italiano, uma vez que de acordo com o artigo 39.º, n.º 1, do Decreto Legislativo 231/2001, a pessoa coletiva intervém no processo penal através do seu representante legal, exceto se este for arguido pela prática do crime de que depende o ilícito administrativo daquela[148].

Para a salvaguarda da possibilidade de ocorrência de um qualquer conflito de interesses entre uma e outra, a pessoa singular que tenha a qualidade de arguido relativamente aos factos que são objeto do processo não deve, em princípio, representar a pessoa coletiva arguida[149]. Tal assume relevo muito especial em matéria de declarações de uma e de outra, por se poderem responsabilizar reciprocamente e por, no limite, poder redundar em prejuízos para a defesa da pessoa coletiva, e supõe o esclarecimento de várias questões, nomeadamente a de saber qual o regime das declarações da pessoa singular arguida quanto a factos processualmente relevantes de que dependa apenas a responsabilidade criminal da pessoa coletiva[150]. Em sentença do Tribunal Supremo espanhol de 29 de fevereiro de 2016 não deixaram de ser postos em relevo

[148] No direito italiano, como já vimos (*supra* Introdução, ponto 3.), não obstante a pessoa coletiva ser insuscetível de responsabilidade penal, a competência para conhecer do ilícito administrativo por que pode ser responsabilizada é do juiz penal competente para a matéria criminal (artigo 36.º, n.º 1, do Decreto Legislativo 231/2001).

[149] Assim, Bajo Fernández/Feijoo Sánchez/Gómez-Jara, *Tratado de Responsabilidad Penal de las Personas Jurídicas*, 321 e s. Sobre isto, também Klaus Volk, "Sobre a responsabilidade penal das empresas", p. 726.

[150] Cf. *supra* Parte III, ponto 3.2. E, ainda, Costa Andrade, *"Bruscamente no Verão passado", a reforma do Código de Processo Penal. Observações críticas sobre uma Lei que podia e devia ter sido diferente*, p. 103 e s.

os prejuízos que podem ocorrer para a defesa da pessoa coletiva quando o representante designado por esta seja também acusado no mesmo processo a título individual. Um dos fundamentos do recurso tinha sido a violação do direito de defesa da pessoa coletiva (artigo 24.º da Constituição espanhola), por esta não ter exercido o direito à última palavra previsto no artigo 739 da *Ley de Enjuiciamiento Criminal*, já que o mesmo foi exercido apenas pela pessoa física representante legal da recorrente, também acusada no processo, que o exerceu no seu interesse exclusivo e não no da representada[151]. Na mesma linha, o Supremo Tribunal espanhol chama ainda a atenção para o conflito de interesses que pode ocorrer quando seja o mesmo o defensor da pessoa coletiva arguida e o da pessoa individual que também seja acusada no mesmo processo[152].

Um modelo que dê liberdade à pessoa coletiva para designar quem a represente enquanto arguida, sem quaisquer limitações quanto à designação, tem a vantagem de permitir que seja a própria a avaliar os conflitos de interesse potenciais e a decidir que, apesar deles, é a pessoa singular também arguida quem está em melhores condições para exercer por ela os direitos processuais que lhe cabem, podendo sempre, em última instância, ser designado um outro representante no decurso do processo[153]. Um modelo que limite a liberdade de designação do representante, proibindo que seja designado quem também seja arguido no processo a título singular, acautelará à partida conflitos potenciais de interesses, mas poderá redundar em prejuízos para a defesa da pessoa coletiva.

[151] Para um comentário em crítica à solução do direito processual espanhol, GÓMEZ-JARA, *El Tribunal Supremo ante la Responsabilidad Penal de las Personas Jurídicas. El inicio de una larga andadura*, p. 77 e ss. E, ainda, MORENO CATENA, "El derecho de defensa de las personas jurídicas", p. 1025 e ss.

[152] Sobre isto, GÓMEZ-JARA, *El Tribunal Supremo ante la Responsabilidad Penal de las Personas Jurídicas. El inicio de una larga andadura*, p. 82 e ss., e MORENO CATENA, "El derecho de defensa de las personas jurídicas", p. 1029.

[153] Cf. GASCÓN INCHAUSTI, *Proceso Penal y Persona Jurídica*, p. 85 e s., e "Los desafíos del proceso frente a personas jurídicas en la legislación y en la praxis española: representación y derecho a no autoincriminarse", p. 109 e s.

3. Posição processual do representante da pessoa coletiva arguida

O representante da pessoa coletiva não é um sujeito do processo penal, no sentido de *participar de forma constitutiva na declaração do direito do caso concreto*, exercendo *direitos processuais autónomos*. Não tem estatuto equivalente ao do defensor – o defensor é, ele próprio, um sujeito processual –, nem tão pouco se substitui à pessoa coletiva que é arguida e tem o estatuto de sujeito processual. Para todos os efeitos, o sujeito do processo penal é a pessoa coletiva arguida. O representante atua no processo em representação dos interesses da pessoa coletiva arguida e na veste de mero representante desses interesses e tem o estatuto de mero participante processual[154]. São várias as consequências deste entendimento.

Como quem tem o estatuto de arguido é a pessoa coletiva, o representante desta não pode ser sujeito a quaisquer medidas de coação ou de garantia patrimonial[155]. No direito francês, determina-se mesmo que o representante da pessoa coletiva não pode ser, nessa qualidade, objeto de qualquer medida de coativa, salvaguardando-se, porém, as aplicáveis à testemunha (artigo 706-44 do CPP). Quem pode ser sujeito à aplicação de medidas de coação e de garantia patrimonial é a própria pessoa coletiva. Daí que já se tenha decidido, e bem, que "não podem, porém, ser aplicadas ao legal representante da sociedade arguida, que nessa qualidade subescreve o TIR, as obrigações inerentes ao TIR prestado por pessoa singular, designadamente a proibição de mudar de residência ou de dela se ausentar por mais de 5 dias sem comunicar a nova residência ou o lugar onde possa ser encontrado: o TIR é obrigatório tão só em relação àquele que for constituído arguido"[156].

Como o sujeito processual é a pessoa coletiva, nada obsta a que haja no decurso do processo alteração da pessoa singular designada como seu representante. Em função da forma como o processo decorre e da fase em que se encontra, considerando, nomeadamente, os conflitos de interesse que se venham a revelar, a pessoa coletiva poderá sempre designar um outro representante (por exemplo, quando o representante designado é entretanto constituído arguido). A Lei argentina 27 401

[154] Cf. *supra* Parte III, ponto 2, e, em especial, nota 113.
[155] Na conclusão, Gascón Inchausti, *Proceso Penal y Persona Jurídica*, p. 90.
[156] Cf. Ac. do Tribunal da Relação do Porto de 10 de novembro de 2010 (Processo 1223/07.7TAVCD-A.P1) e *supra* Parte I, ponto 3.

prevê mesmo que a pessoa coletiva possa substituir o seu representante, sem prejuízo da eficácia dos atos praticados pelo anterior, ainda que a substituição tenha de ser motivada quando ocorra na audiência de julgamento (artigo 13.º). É a pessoa coletiva, sem prejuízo de especialidades em caso de cisão ou fusão (artigo 11.º, n.º 8, do CP) – e não o seu representante –, quem conserva a qualidade de arguida durante todo o decurso do processo (artigo 57.º, n.º 2, do CPP).

Já é discutível se o representante pode ser detido. Em face das finalidades da detenção, tal como determinadas no artigo 254.º do CPP, nada obsta a que o representante da pessoa coletiva possa ser detido para assegurar a sua presença imediata ou, não sendo possível, no mais curto prazo perante a autoridade judiciária em ato processual (alínea *a)* do n.º 1). Trata-se de norma aplicável relativamente a qualquer pessoa que deva intervir no processo e não de norma privativa de quem tenha a qualidade de arguido.

V. Questões em especial: a aplicação de medidas de coação à pessoa coletiva arguida em processo penal

A posição processual de sujeito processual em que é investida a pessoa coletiva a partir do momento em que é constituída arguida é compatível com a aplicação de medidas de coação, de harmonia com o disposto no artigo 60.º do CPP. Na falta de lei expressa sobre uma tal aplicação, ressalvado o artigo 3.º-A da Lei n.º 50/2007[157], esta é uma das matérias onde pertinentemente se nota a omissão do legislador. Quer por o princípio da legalidade ser um dos princípios gerais do regime de aplicação das medidas de coação – *a liberdade das pessoas só pode ser limitada, total ou parcialmente, em funções de exigências processuais de natureza cautelar, pelas medidas de coação previstas na lei*; quer por também em relação às pessoas coletivas haver exigências processuais de natureza cautelar que podem fundar a *necessidade* de as sujeitar a medidas de coação *adequadas* às exigências cautelares que o caso requerer.

1. A lição de outros ordenamentos jurídicos

Os ordenamentos jurídicos que preveem normas de natureza processual penal específicas relativamente à pessoa coletiva arguida preveem, em regra, essas normas em matéria de medidas de coação (medidas caute-

[157] Referimo-nos à Lei do regime de responsabilidade penal por comportamentos antidesportivos. Cf. *supra* Introdução, ponto 1.

lares, em geral). E o mesmo sucede quando se opte pela responsabilização administrativa da pessoa coletiva[158].

Em França, o CPP contempla no artigo 706-45 a sujeição da pessoa coletiva à medida de fiscalização judicial ("contrôle judiciaire"), nas condições previstas nos artigos 139 e 140 para as pessoas individuais, com especificação das obrigações a que pode ser sujeita (prestação de caução, prestação de garantias pessoais ou patrimoniais, interdição de emissão de cheque, interdição do exercício de atividades profissionais ou sociais e sujeição a fiscalização por agente de justiça designado pelo juiz de instrução). Em Espanha, é o artigo 33.º, n.º 7, do CP que prevê a aplicabilidade pelo juiz, durante a instrução do processo, das seguintes *medidas cautelares*: encerramento temporário das instalações e estabelecimentos; suspensão das atividades sociais; e intervenção judicial. O artigo 544.º quáter, n.º 1, da *Ley de Enjuiciamiento Criminal* limita-se a estabelecer que as medidas cautelares que podem ser impostas à pessoa jurídica são as expressamente previstas no CP. De notar que, sem prejuízo de ser criticável a inserção da norma neste Código, ela tem o sentido claro de fazer das medidas cautelares medidas que podem antecipar as penas em que venham a ser condenadas as pessoas jurídicas. Com efeito, o artigo 33.º do CP, que dispõe em geral sobre as penas aplicáveis a pessoas individuais e jurídicas, prevê como penas aplicáveis às últimas a suspensão das suas atividades por um prazo que não poderá exceder 5 anos; o encerramento das suas instalações e estabelecimentos, por um prazo que não poderá exceder 5 anos; e intervenção judicial para salvaguarda dos direitos dos trabalhadores ou dos credores, pelo tempo que se estime necessário, sem exceder 5 anos (alíneas *c)*, *d)* e *g)* do n.º 7, respetivamente)[159].

Por seu turno, o Decreto Legislativo italiano 231/2001 contempla nos artigos 45.º a 52.º o regime de aplicação de medidas cautelares às pessoas coletivas, quando haja o perigo de continuação da atividade ilícita, especificando no artigo 45.º que são aplicáveis como medidas cautelares

[158] Sobre isto, Gimeno Beviá, Compliance *y Proceso Penal. El Proceso Penal de las Personas Jurídicas*, p. 356 e ss.

[159] Sobre o direito francês, Yvaine Buffelan-Lanore, "La procédure applicable aux infractions commise par les personnes morales", p. 321 e ss.; sobre o espanhol, Gimeno Beviá, Compliance *y Proceso Penal. El Proceso Penal de las Personas Jurídicas*, p. 354 e ss., e Ana María Neira, *La instrucción de los procesos penales frente a las personas jurídicas*, p. 415 e ss.

as sanções interditivas previstas no artigo 9.º, n.º 2, o que tem o sentido de fazer delas medidas que podem antecipar as sanções que venham a ser aplicadas às pessoas jurídicas[160]. Por exemplo, a interdição do exercício da atividade, a proibição de contratar com a administração pública e exclusão de benefícios, empréstimos, contribuições ou subsídios e eventual revogação dos já recebidos.

2. A aplicação de medidas de coação à pessoa coletiva arguida no direito processual penal vigente

No direito processual penal vigente são aplicáveis ao arguido as medidas de coação que "*ainda se mostrem comunitariamente suportáveis face à possibilidade de estarem a ser aplicadas a um inocente*"[161]. A tanto obriga o princípio da presunção de inocência até ao trânsito em julgado da sentença de condenação, no qual se fundam os princípios e as condições de aplicação das medidas de coação legalmente estabelecidos: princípios da legalidade, necessidade, adequação, proporcionalidade, subsidiariedade das medidas mais gravosas e precaridade; constituição prévia como arguido, audição prévia do arguido e aplicação por despacho fundamentado de um juiz[162]. E dúvidas não há que todo o regime legal foi erigido no pressuposto da aplicação dessas medidas à pessoa individual. Como já demos nota, há medidas de coação que são inaplicáveis a pessoas coletivas e nem todas as exigências processuais de natureza cautelar legalmente previstas são invocáveis para justificar a necessidade da sua aplicação a uma pessoa coletiva (por exemplo, de forma inequívoca, a fuga ou o perigo de fuga – artigo 204.º do CPP).

É da exclusiva competência da Assembleia da República legislar sobre processo criminal, salvo autorização ao Governo, e só a lei pode restringir os direitos, liberdades e garantias e os direitos fundamentais de natureza análoga cujo gozo seja compatível com a natureza da pessoa coletiva (artigos 165.º, n.º 1, alínea *c)*, 12.º, n.º 2, 18.º e 17.º da CRP).

[160] Sobre isto, Mario Chiavario, *Diritto Processuale Penale*, p. 969 e ss., e Giorgio Fidelbo, "Le misure cautelari", p. 503 e ss.

[161] Cf. Figueiredo Dias, "Sobre os sujeitos processuais no novo Código de Processo Penal", p. 27.

[162] Sobre estes princípios e condições, Maria João Antunes, *Direito Processual Penal*, p. 140 e ss.

No direito vigente a falta de lei ou de decreto-lei autorizado ergue-se como obstáculo intransponível à aplicação de quaisquer medidas de coação a pessoas coletivas arguidas[163], uma vez que se trata de matéria de processo criminal e dessa aplicação podem decorrer restrições de direitos, liberdades e garantias e de direitos fundamentais de natureza análoga como, por exemplo, a liberdade de associação e a liberdade de iniciativa económica, consagrados nos artigos 46.º e 61.º, n.º 1, da CRP. No artigo 46.º, n.º 2, lê-se mesmo que *as atividades das associações não podem ser suspensas senão nos casos previstos na lei.* Por outro lado, a aplicação de medidas de coação a pessoas coletivas arguidas sem lei que a preveja redundaria sempre na violação do princípio da legalidade criminal e das garantias de defesa, por valer em processo penal o conteúdo de sentido do princípio e, consequentemente, a proibição de recurso à analogia sempre que tal se traduza num enfraquecimento da posição processual do arguido ou numa diminuição dos seus direitos processuais (artigos 29.º e 32.º, n.º 1, da CRP)[164].

Dizendo de outra forma: só podem ser aplicadas às pessoas coletivas arguidas as medidas de coação que estejam expressamente previstas na lei, em *lei anterior*. Reportando-nos ao direito vigente é de concluir que somente as pessoas coletivas desportivas podem ser sujeitas a medidas de coação. Com efeito, somente a Lei n.º 50/2007, com as alterações de 2017 (diploma sobre responsabilidade criminal por comportamentos antidesportivos), prevê os termos dessa sujeição, a aplicabilidade da suspensão da atribuição de subsídios, subvenções ou incentivos outorgados pelo Estado, regiões autónomas, autarquias locais e demais pessoas coletivas públicas e a possibilidade de esta suspensão ser cumulável com qualquer outra medida de coação prevista no CPP (artigo 3.º-A).

Abona no sentido de o CPP não prever a aplicação de medidas de coação às pessoas coletivas arguidas a circunstância de ser um dos pressupostos específicos dessa aplicação a imputação de *crime punível com pena de prisão*[165]. Com efeito, todas as medidas de coação previstas no Código dependem da imputação de crime punível com pena de prisão, pena de prisão de máximo superior a seis meses, pena de prisão de

[163] Cf. *infra* o que dizemos sobre o termo de identidade e residência.

[164] Cf. *supra* nota 30.

[165] Sobre isto, cf. *supra* Parte I, ponto 3.

máximo superior a dois anos, pena de prisão de máximo superior a três anos e pena de prisão de máximo superior a cinco anos (artigos 197.º, 198.º, 199.º, 200.º, 201.º e 202.º). Desta forma, o legislador dá cumprimento à exigência constitucional de proporcionalidade, tendo como referência a gravidade do crime e da sanção aplicável (artigo 18.º, n.º 2, da CRP), de harmonia com a forma como enuncia legalmente o princípio da proporcionalidade no artigo 193.º, n.º 1, parte final, do CPP: *as medidas de coação a aplicar em concreto devem ser proporcionais à gravidade do crime e às sanções que previsivelmente venham a ser aplicadas*[166]. A exigência de que o crime imputado seja punível com pena de prisão não tem que ver exclusivamente com a gravidade do crime. Tem que ver também com a natureza da sanção aplicável (da sanção que possa vir a ser aplicada), ou seja, com a possibilidade de o arguido vir a ser condenado em pena de prisão ou ter que cumprir pena de prisão, na hipótese de revogação de pena de substituição que lhe tenha sido imposta. A aplicação das duas medidas de coação mais gravosas – obrigação de permanência na habitação e prisão preventiva – só será conforme às exigências de proporcionalidade se for previsível a condenação do arguido em pena privativa da liberdade (em pena de prisão não substituída ou não substituível por pena não privativa da liberdade).

No CPP há um conjunto de soluções que têm justificação (ou têm também justificação) na probabilidade de vir a ser aplicada ao arguido uma pena de prisão. É na probabilidade de o arguido ser condenado em sanção privativa da liberdade que encontram justificação (ou encontram também justificação) o regime da confissão livre, integral e sem reservas, as regras de competência dos tribunais e o regime do processo sumaríssimo. Com efeito, a confissão livre, integral e sem reservas implica a renúncia à produção da prova relativa aos factos imputados e consequente consideração destes como provados e a passagem de imediato às alegações orais, somente quando o crime seja punível com pena de prisão não superior a cinco anos (alíneas *a)* e *b)* do n.º 2 e *c)* do n.º 3 do artigo 344.º); em regra, o julgamento só é da competência do tribunal singular se a pena máxima abstratamente aplicável ao crime ou aos vários crimes em concurso não for superior a cinco anos de prisão (alínea *b)* do

[166] Especificamente sobre este princípio, Maria João Antunes, *Direito Processual Penal*, p. 143 e s.

n.º 2 do artigo 16.º e alínea *b)* do n.º 2 do artigo 14.º e artigo 77.º do CP); a aplicação de pena em processo sumaríssimo só pode ser requerida ao tribunal se a pena for não privativa da liberdade (artigo 392.º, n.º 1).

Não significa o exposto, porém, a inadmissibilidade de aplicação de qualquer medida de coação à pessoa coletiva arguida, por nunca ser punível com pena de prisão. Significa apenas que a ponderação ínsita ao princípio da proporcionalidade se tem de fazer em relação a ela tendo também como referência *as sanções que previsivelmente lhe venham a ser aplicadas*. Sanções que são distintas das aplicáveis à pessoa singular e que seguem regras próprias de determinação (artigos 90.º-A a 90.º-L do CP)[167].

A aplicabilidade de algumas das medidas de coação legalmente previstas à pessoa coletiva arguida não pode sustentar-se por "referência à espécie e medida da pena (de prisão) cominada à conduta indiciada praticada pelo seu órgão ou representante, que tenha atuado em seu nome e no seu interesse, de acordo com o critério abstrato do art. 195.º", como defende Reis Bravo[168]. Admitir a aplicabilidade de uma medida de coação a uma pessoa coletiva nos casos em que o procedimento criminal foi instaurado pela prática de crime punível com pena de prisão imputável a pessoa física que nela ocupe uma posição de liderança, esvazia a exigência de proporcionalidade da medida em relação à sanção que previsivelmente venha a ser aplicada à pessoa coletiva (artigo 193.º, n.º 1), confunde a posição processual desta com a da pessoa física e, no limite, nega a autonomia da responsabilidade criminal da pessoa coletiva. No direito vigente, na falta de lei, não é sustentável, por referência à pena aplicável ao crime imputável ao órgão ou representante da pessoa coletiva que tenha atuado em seu nome e no seu interesse a admissibilidade defendida pelo autor de aplicação às pessoas coletivas da *suspensão do exercício de atividades que dependam de título público ou de uma autorização ou homologação de autoridade pública e da emissão de títulos de crédito* (artigo 199.º, n.º 1, alíneas *a)* e *b)*, do CPP). Ainda que sejam aplicáveis à pessoa coletiva penas acessórias como, por exemplo, a interdição temporária

[167] Sobre isto, Nuno Brandão, "O regime sancionatório das pessoas coletivas na revisão do Código Penal", p. 45 e ss.

[168] Cf. *Direito Penal de Entes Coletivos. Ensaio sobre a Punibilidade de Pessoas Coletivas e Entidades Equiparadas*, p. 333. Sobre o que se diz em seguida, cf., ainda, p. 334.

do exercício de certas atividades (artigos 8.º, alínea *d)*, do Decreto-Lei n.º 28/84, de 20 de janeiro, e 16.º, alínea *a)*, do Regime Geral das Infrações Tributárias).

O entendimento de que o artigo 199.º do CPP é aplicável às pessoas coletivas contraria o princípio da legalidade estabelecido nos artigos 165.º, n.º 1, alínea *c)*, 12.º, n.º 2, 18.º e 17.º da CRP e 191.º, n.º 1, do CPP[169]. Coisa diferente é, porém, defender, no plano do direito a constituir, a previsão da sujeição da pessoa coletiva arguida à medida de coação de suspensão de atividades, entre outras possíveis. E até se justifica de um ponto de vista político-criminal que possa haver alguma correspondência entre as penas acessórias que lhe sejam aplicáveis e as medidas de coação legalmente admissíveis. Na Lei n.º 50/2007, de 31 de agosto, relativamente à responsabilidade penal de pessoas coletivas por comportamentos antidesportivos, prevê-se a pena acessória de privação do direito a subsídios, subvenções ou incentivos outorgados pelo Estado, regiões autónomas, autarquias locais e demais pessoas coletivas públicas e, entre outras, a medida de coação de privação do direito a subsídios, subvenções ou incentivos outorgados pelo Estado, regiões autónomas, autarquias locais e demais pessoas coletivas públicas (alínea *b)* do artigo 4.º e alínea *b)* do artigo 3.º-A, respetivamente).

Diga-se, por último, que não se argumente com o disposto no artigo 90.º-B, n.º 1, do CP, segundo o qual *os limites mínimo e máximo da pena de multa aplicável às pessoas coletivas e entidades equiparadas são determinados tendo como referência a pena de prisão previstas para as pessoas singulares.* A norma, introduzida em 2007 na sequência da redação então dada ao artigo 11.º do Código, visa tão só estabelecer os limites máximos e mínimos da pena de multa aplicável à pessoa coletiva quando seja responsabilizada pelos crimes previstos no CP que estão elencados no n.º 2 do artigo 11.º e pelos tipificados na legislação extravagante que sejam punidos só com pena de prisão ou com esta pena e a de multa em alternativa[170]. De resto, é critério do legislador especificar as pessoas coletivas quando se socorra da gravidade abstrata do crime por referência à pena de prisão. É o que

[169] Exatamente neste sentido, cf. o Ac. do Tribunal da Relação de Lisboa de 30 de outubro de 2019, Processo 1655/13.TDLSB-A.L1 (ainda não disponível).

[170] Exatamente neste sentido, cf. o Ac. do Tribunal da Relação de Lisboa de 30 de outubro de 2019, Processo 1655/13.TDLSB-A.L1 (ainda não disponível).

sucede em matéria de prescrição no n.º 3 do artigo 118.º do CP, nos termos do qual *se o procedimento criminal respeitar a pessoa coletiva ou entidade equiparada, os prazos de prescrição são determinados tendo em conta a pena de prisão, antes de se proceder à conversão prevista nos n.ºs 1 e 2 do artigo 90.º-B.*

3. A aplicação do termo de identidade e residência às pessoas coletivas arguidas

No que toca ao termo de identidade e de residência justifica-se que a sua aplicabilidade às pessoas coletivas seja equacionada autonomamente, uma vez que, se por lado, não é, em bom rigor, uma medida de coação, por outro, não depende sequer de o crime ser punível com pena de prisão[171]. Estas notas não autorizam, porém, a sua aplicabilidade sem mais à pessoa coletiva arguida. Também quanto a esta matéria é notória a ausência de normas específicas.

De igual modo em relação à pessoa coletiva se justifica que se identifique e indique o local do seu domicílio, para o efeito de ser notificada mediante via postal simples, nos termos da alínea *c)* do n.º 1 do artigo 113.º, quando seja constituída arguida[172]. Do *termo de identificação e domicílio* lavrado no processo deverá constar, tal como consta do que é lavrado relativamente à pessoa singular constituída arguida, que foi dado conhecimento à pessoa coletiva da obrigação de comparecer perante a autoridade competente ou de se manter à disposição dela sempre que a lei o obrigar ou para tal for devidamente notificada; da obrigação de comunicar a alteração de domicílio; de que as posteriores notificações serão feitas por via postal simples para a morada indicada, exceto se a arguida comunicar uma outra, através de requerimento entregue ou remetido por via posta registada à secretaria onde os autos se encontrem a correr nesse momento; de que o incumprimento do que antecede legitima a sua representação por defensor em todos os atos processuais no quais

[171] Sobre o regime legal do termo de identidade e residência, Maria João Antunes, *Direito Processual Penal*, p. 143 e s.

[172] Por decisão de 5 de julho de 2017, o Tribunal da Relação de Coimbra acordou que, em caso de notificação por via postal simples, é de "ter como notificada a sociedade arguida quando no TIR indica como morada a sua sede e se verifica aquando da notificação que inexistente recetáculo onde o distribuidor postal possa colocar a correspondência àquela dirigida" (Processo 706/12.1TAACB-A.C1).

tenha o direito ou o dever de estar presente e bem assim a realização da audiência na sua ausência, nos termos do artigo 333.º[173]; de que, em caso de condenação, o termo de identificação e residência só se extinguirá com a extinção da pena.

[173] Sobre a solução do direito espanhol de, diferentemente do que sucede com as pessoas físicas, haver a continuação do processo na ausência do representante da pessoa jurídica no processo, Ignacio Flores Prada/Ana Sánchez Rubio, "La ausencia de la persona jurídica en el proceso penal", p. 757 e ss.

Linhas conclusivas

Sem o objetivo de apresentar todas as conclusões a que fomos chegando ao longo do texto, elegemos as seguintes linhas conclusivas:

a) Ressalvadas as constantes da Lei sobre responsabilidade criminal por comportamentos antidesportivos, no ordenamento jurídico português não há normas de natureza processual penal específicas em matéria de responsabilidade penal de pessoas coletivas. Esta realidade contrasta com a de ordenamentos jurídicos que preveem a responsabilidade penal ou administrativa das pessoas coletivas.

b) Os contributos doutrinais e jurisprudenciais não colmatam nem podem colmatar a falta de lei, sob pena de intromissão em matéria constitucionalmente reservada à Assembleia da República, salvo autorização ao Governo. Por exemplo, a das medidas de coação.

c) É necessária e premente a intervenção do legislador processual penal a partir do modelo substantivo vigente de imputação da responsabilidade penal às pessoas coletivas. A opção por determinado modelo de imputação ou a opção por determinada configuração de um dos dois modelos de base repercute-se necessariamente na conformação do processo penal em que seja arguida a pessoa coletiva.

d) A pessoa coletiva arguida tem o estatuto de sujeito processual, equiparado ao da pessoa singular, fundado em princípios constitucionais objetivos do processo penal, como o da presunção de inocência e do contraditório, e em normas constitucionais estruturantes do processo penal, como as relativas à estrutura acusatória e ao processo equitativo. Tem, por exemplo, o direito à não autoincriminação.

e) A pessoa coletiva tem o direito e o dever de ser representada no processo por pessoa singular por si designada, distinta do seu defensor, com o estatuto de mero participante processual.

Alvoco das Várzeas, janeiro de 2020

LEGISLAÇÃO ESTRANGEIRA RELEVANTE:

Federal Rules of Criminal Procedure (Estados Unidos da América)
Code de Procédure Pénale (França)
Ley de Enjuiciamiento Criminal (Espanha)
Decreto Legislativo 231, de 8 de junho 2001 (Itália)
Ley 20 393, de 2 de dezembro 2009 (Chile)
Lei 12 846, de 1 de agosto de 2013 (Brasil)
Decreto 8 420, de 18 de março de 2015 (Brasil)
Ley 30 424, de 21 de abril de 2016 (Peru)
Ley 27 401, de 1 de dezembro de 2017 (Argentina)

JURISPRUDÊNCIA PORTUGUESA:

Tribunal Constitucional – Acs. n.ºs 198/85, 539/97, 656/97, 569/98 174/2000, 593/2008, 596/2008, 91/2009, 216/2010, 496/2010, 461/2011, 340/2013, 128/2018, 242/2018 e 298/2019.

Tribunal da Relação de Coimbra – Acs. de 25 de junho de 2014 (Processo 2140/06.3TAAVR-A.C1), de 5 de julho de 2017 (Processo 706/12.1TAACB--A.C1), de 26 de fevereiro de 2017 (Recurso 1609/12.5TACBR.C126) e de 11 de outubro de 2017 (Processo 2500/15.9T9CBR.C1).

Tribunal da Relação de Guimarães – Ac. de 16 de outubro de 2006 (Processo 791/06-1).

Tribunal da Relação de Lisboa – Acs. de 6 de abril de 2011 (Processo 1.724/09.27FLSB-3), de 13 de setembro de 2011 (Processo 142/10.4IDSTB-A.L1-5), de 12 de outubro de 2011 (Processo 674/08.4IDLSB-A.L1-3), de 17 de abril de 2012 (Processo 594/11.5TAPDL.L1-5), de 28 de outubro de 2015 (Processo 1225/14.7TACSC–A.L1-3), de 20 de janeiro de 2016 (Processo 395/13.6TAVFX-A.L1-3) e de 30 de outubro de 2019 (Processo 1655/13.TDLSB-A.L1).

Tribunal da Relação do Porto – Acs. de 10 de novembro de 2010 (Processo 1223/07.7TAVCD-A.P1), de 16 de novembro de 2011 (Processo 332/06.4TAMCD-A.P1), de 26 de fevereiro de 2014 (Processo 6319/11.8IDPRT.P1) e de 4 de junho de 2014 (Processo 35/13.3IDPRT--A.P1).

OUTRA JURISPRUDÊNCIA:

BverGE 95, 220, de 26 de fevereiro de 1997
STS 2844/2014, de 16 de junho
STS 514/2015, de 2 de setembro
STS 154/2016, de 29 de fevereiro
STS 212/2016, de 16 de março
STS 827/2016, de 3 de novembro
STS 757/2019, de 8 de março

PARECERES E CIRCULARES DA PROCURADORIA-GERAL DA REPÚBLICA:

Parecer do Conselho Consultivo n.º 10/94, de 7 de julho
Circular n.º 12/2004, de 23 de setembro.
Circular n.º 1/2009, de 19 de janeiro.
Circular n.º 4/2011, de 10 de outubro.

CIRCULARES DA *FISCALIA GENERAL DEL ESTADO* (ESPANHA):

Circular 1/2011, de 1 de junho
Circular 1/2016, de 22 de janeiro

BIBLIOGRAFIA

ADA PELLIGRINI GRINOVER, "Aspetos processuais da responsabilidade penal da pessoa jurídica", *Responsabilidade penal da pessoa jurídica e medidas provisórias e direito penal*, Revista dos Tribunais, 1999, p. 46 e ss.

ADÁN NIETO, "Investigaciones internas", in *Manual de cumplimiento en la empresa*, Tirant lo Blanch, 2015, p. 231 e ss.

ALAMIRO VELLUDO NETTO, *Responsabilidade penal da pessoa jurídica*, Thomson Reuters, Revista dos Tribunais, 2018.

ANA MARÍA NEIRA, "Sherlock Holmes en el centro de trabajo. Las investigaciones internas empresariales", *Derecho y Proceso Penal*, 37, 2015, p. 49 e ss.

— *La instrucción de los processos penales frente a las personas jurídicas*, Valencia, Tirant lo blanch, 2017.

— "La prueba en el processo penal frente a las personas jurídicas", in *Proceso penal y responsabilidad penal de personas jurídicas*, Aranzadi, 2017, p. 267 e ss.

ANA MEXIA, "A intervenção do administrador da insolvência no processo penal em representação e defesa da pessoa coletiva insolvente e arguida", *Revista Portuguesa de Ciência Criminal*, 2012, p. 633 e ss.

ANA PAIS, "Os programas de *compliance* e o risco de privatização do processo penal. Em especial, a problemática da "prova emprestada" e o princípio *nemo tenetur se ipsum accusare*", in *Estudos em Homenagem ao Prof. Doutor Manuel da Costa Andrade*, II, Boletim da Faculdade de Direito da Universidade de Coimbra, 2017, p. 663 e ss.

ANABELA RODRIGUES, *Direito Penal Económico. Uma Política Criminal na Era Compliance*, Almedina, 2019.

ANDRADE MOREIRA, "Responsabilidade penal da pessoa jurídica e o sistema processual penal", in *Responsabilidade penal da pessoa jurídica. Em defesa do princípio da imputação penal subjetiva*, Revista dos Tribunais, 2013, p. 341 e ss.

ANTONIO DEL MORAL, "El estatuto jurídico procesal", in *Los retos de la organización empresarial ante la nueva reforma del Código Penal*, ponto 2., disponível em http://sgfm.elcorteingles.es/SGFM/FRA/recursos/doc/2011/Ponencias/1674156562_79201112405.pdf

ANTÓNIO GAMA, *Comentário Judiciário do Código de Processo Penal*, Tomo II, Almedina, 2018, comentário ao artigo 140.º

BAJO FERNÁNDEZ/FEIJOO SÁNCHEZ/GÓMEZ-JARA, *Tratado de Responsabilidad Penal de las Personas Jurídicas*, Civitas, 2016.

CARLOS ADÉRITO TEIXEIRA, "A pessoa coletiva como sujeito processual ou a 'descontinuidade' processual da responsabilidade penal", *Revista do Cej*, 1.º semestre 2008, número 8 (especial), p. 99 e ss.

— "Perspetiva judiciária da imputação do facto da pessoa singular à pessoa coletiva", *Revista Portuguesa de Ciência Criminal*, 2019, p. 141 e ss.

CARO CORIA, "La responsabilidad de las personas jurídicas en el Perú y los *criminal compliance programs* como atenuantes y eximentes de la responsabilidad de la persona jurídica", in *Tratado sobre* Compliance *Penal. Responsabilidad Penal de las Personas Jurídicas y Modelos de Organización y Gestión*, Tirant lo blanch, 2019, p. 1259 e ss.

CASTRO E SOUSA, *As pessoas coletivas em face do direito criminal e do chamado "direito de mera ordenação social"*, Coimbra Editora, 1985.

CLÁUDIA SANTOS, *A Corrupção de Agentes Públicos e a Corrupção no Desporto*, Almedina, 2018.

CONDE CORREIA, *Comentário Judiciário do Código de Processo Penal*, Tomo II, Almedina, 2018, comentário aos artigos 174.º e 175.º

CORAL ARANGËNA FANEGO, "El derecho al silencio, a no declarar contra uno mismo y a no confesarse culpable de la persona jurídica y el régimen de *compliance*", in *Tratado sobre* Compliance *Penal. Responsabilidad Penal de las Personas Jurídicas y Modelos de Organización y Gestión*, Tirant lo blanch, 2019, p. 439 e ss.

COSTA ANDRADE, "Tribunal Constitucional – Acórdão n.º 364/2006, de 8 de junho *(Domicílio, intimidade e Constituição)*", *Revista de Legislação e de Jurisprudência*, Ano 138.º, N.º 3953, p. 97 e ss.

— *"Bruscamente no Verão passado", a reforma do Código de Processo Penal. Observações críticas sobre uma Lei que podia e devia ter sido diferente*, Coimbra Editora, 2009;

— "*Nemo tenetur se ipsum accusare* e direito tributário. Ou a insustentável indolência de um acórdão (n.º 340/2013) do Tribunal Constitucional", *Revista de Legislação e de Jurisprudência*, Ano 144.º, N.º 3989, p. 121 e ss.

David Duarte, "A norma de universalidade de direitos e deveres fundamentais: esboço de uma anotação", *Boletim da Faculdade de Direito da Universidade de Coimbra*, vol. LXXVI, 2000, p. 413 e ss.

Díaz Lema, "Tienen derechos fundamentales las personas jurídico-publicas?", *Revista de Administracion Publica*, 1989, Num. 120, p. 79 e ss.

Edgardo Donna, "Compliance y la persona jurídica en el Derecho Penal argentino", in *Tratado sobre* Compliance *Penal. Responsabilidad Penal de las Personas Jurídicas y Modelos de Organización y Gestión*, Tirant lo blanch, 2019, p. 1371 e ss.

Figueiredo Dias, "Sobre os sujeitos processuais no novo Código de Processo Penal", in *Jornadas de Direito Processual Penal. O Novo Código de Processo Penal*, Almedina, 1988, p. 3 e ss.

— "Sobre a vigência tricenal do Código de Processo Penal Português", *Revista Portuguesa de Ciência Criminal*, 2018, p. 129 e ss.

— *Direito Penal. Parte Geral. Questões Fundamentais. A Doutrina Geral do Crime*, Gestlegal, 2019.

Gascón Inchausti, *Proceso Penal y Persona Jurídica*, Marcial Pons, 2012.

— "Los desafíos del processo frente a personas jurídicas en la legislación y en la praxis española: representación y derecho a no autoincriminarse", *Revista Portuguesa de Ciência Criminal*, 2019, p. 91 e ss.

Germano Marques da Silva, "Responsabilidade penal das pessoas coletivas. Alterações ao Código Penal introduzidas pela Lei n.º 59/2007, de 4 de setembro", *Revista do* CEJ, 1.º semestre 2008, número 8 (especial), p. 69 e ss.

— *Responsabilidade Penal das Sociedades e dos seus Administradores e Representantes*, Editorial Verbo, 2009.

— "Questões processuais na responsabilidade cumulativa das empresas e seus gestores", in *Que Futuro para o Direito Processual Penal. Simpósio em Homenagem a Jorge de Figueiredo Dias, por ocasião dos 20 anos do Código de Processo Penal Português*, Coimbra Editora, 2009, p. 789 e ss.

— "Questões processuais da responsabilidade penal das pessoas coletivas", *Estudos sobre* Law Enforcement, Compliance *e Direito Penal*, Almedina, 2018, p. 151 e ss.

GIMENO BEVIÁ, Compliance *y Proceso Penal. El Proceso Penal de las Personas Jurídicas*, Aranzadi, 2016.

GIORGIO FIDELBO, "Le misure cautelari", in *Reati e responsabilità degli enti. Guida al d. legs. 8 giugno 2001, n. 231*, Giuffrè Editore, 2010, p. 503 e ss.

GOMES CANOTILHO, *Direito Constitucional e Teoria da Constituição*, Almedina, 2003.

GOMES CANOTILHO/MOREIRA VITAL, *Constituição da República Portuguesa Anotada*, volume I, Coimbra Editora, 2007, anotação ao artigo 32.º

GÓMEZ-JARA, *El Tribunal Supremo ante la Responsabilidad Penal de las Personas Jurídicas. El inicio de una larga andadura*, Editorial Aranzadi, 2019.

GÓMEZ MONTORO, "La titularidade de derechos fundamentales por personas jurídicas: un intento de fundamentación", *Revista Española de Derecho Constitucional*, Año 22, Núm. 65, 2002, p. 49 e ss.

GONZÁLEZ CUSSAC, "Condiciones y requisitos para la eficacia eximente o atenuante de los programas de prevención de delitos", in *Tratado sobre* Compliance *Penal. Responsabilidad Penal de las Personas Jurídicas y Modelos de Organización y Gestión*, Tirant lo blanch, 2019, p. 317 e ss.

IGNACIO FLORES PRADA/ANA SÁNCHEZ RUBIO, "La ausencia de la persona jurídica en el proceso penal", in *Tratado sobre* Compliance *Penal. Responsabilidad Penal de las Personas Jurídicas y Modelos de Organización y Gestión*, Tirant lo blanch, 2019, p. 741 e ss.

IÑAKI ESPARZA LEIBAR, La responsabilidad penal de las personas jurídicas y el rol del *corporate compliance* en el ordenamiento francés. Un interesante ejemplo de lucha contra la corrupción", in *Tratado sobre* Compliance *Penal. Responsabilidad Penal de las Personas Jurídicas y Modelos de Organización y Gestión*, Tirant lo blanch, 2019, p. 1403 e ss.

IÑAKI LASGABASTER, "Derechos fundamentales y personas jurídicas de derecho publico", in *Estudios sobre la Constitucion Española. Homenaje ao Profesor Eduardo Garcia de Enterria*, vol. II, Civitas, Madrid, 1991, p. 651 e ss.

INÊS GODINHO, "Pessoas coletivas e processo penal: alguns apontamentos de uma tentativa impossível", *Galileu, Revista de Economia e Direito*, vol. XII, n.º 2, 2007 / XIII, n.º 1, 2008, p. 49 e ss.

JOÃO LOUREIRO, "Pessoas coletivas com fins lucrativos e apoio judiciário", *Revista de Legislação e de Jurisprudência*, Ano 147.º, N.º 4008, 2018, p. 155 e ss.

Jónatas Machado/Vera Raposo, "O direito à não-autoincriminação e as pessoas coletivas empresariais", *Direitos Fundamentais & Justiça*, N.º 8-Jul./Set., 2009, p. 13 e ss.

Jorge Miranda/Rui Medeiros, *Constituição Portuguesa Anotada*, Tomo I, Universidade Católica Editora, 2017, anotação ao artigo 34.º

Lascuraín Sánchez, "Los programas de cumplimiento como programas de prudencia penal", *Revista Portuguesa de Ciência Criminal*, 2015, p. 95 e ss.

Klaus Volk, "Sobre a responsabilidade penal das empresas", in *Direito penal como crítica da pena. Estudos em Homenagem a Juarez Tavares por seu 70.º Aniversário em 2 de setembro de 2012*, Marcial Pons, 2012, p. 717 e ss.

Maria Amparo Renedo, "La imputación de la persona jurídica", in *Proceso penal y responsabilidad penal de personas jurídicas*, Aranzadi, 2017.

Maria Fernanda Palma, "A constitucionalidade do artigo 342.º do Código de Processo Penal (o direito ao silêncio do arguido)", *Revista do Ministério Público*, N.º 60, 1994, p. 101 e ss.

Maria Florencia Di Lello, "El nuevo régimen de responsabilidad de las personas jurídicas privadas por delitos de corrupción de la República Argentina. Análisis de la Ley 27 401 y antecedentes legales", in *Direito Penal Econômico nas Ciências Criminais*, Vorto, 2019, p. 361 e ss.

Maria João Antunes, *Direito Processual Penal*, Almedina, 2018.

— "Privatização das investigações e *compliance* criminal", *Revista Portuguesa de Ciência Criminal*, 2018, p. 119 e ss.

— "A posição processual da pessoa coletiva constituída arguida", *Julgar*, N.º 38, 2019, p. 17 e ss.

Mario Chiavario, *Diritto Processuale Penale*, UTET Giuridica, 2017.

Mário Pedro Meireles, "A responsabilidade penal das pessoas coletivas ou entidades equiparadas na recente alteração ao Código Penal ditada pela Lei 59/2007, de 4 de setembro: algumas notas", *Julgar*, N.º 5, 2008, p. 121 e ss.

Moreno Catena, "El derecho de defensa de las personas jurídicas", in *Tratado sobre* Compliance *Penal. Responsabilidad Penal de las Personas Jurídicas y Modelos de Organización y Gestión*, Tirant lo blanch, 2019, p. 1009 e ss.

Nicolás Rodriguez, "Adecuación del processo penal español a la fijación legal de la responsabilidade criminal de las personas jurídicas", *Revista Penal*, n.º 35, 2015, p. 139 e ss.

NUNO BRANDÃO, "O regime sancionatório das pessoas coletivas na revisão do Código Penal", *Revista do Cej*, 1.º semestre 2008, número 8 (especial), p. 41 e ss.

OMBRETTA DI GIOVINE, "Lineamenti sostanziali del nuovo illecito punitivo", in *Reati e responsabilità degli enti. Guida al d. legs. 8 giugno 2001, n. 231*, Giuffrè Editore, 2010, p. 10 e ss.

PATRICIA FARALDO CABANA, "Los *compliance programs* y la atenuación de la responsabilidad penal", in *Tratado sobre* Compliance *Penal. Responsabilidad Penal de las Personas Jurídicas y Modelos de Organización y Gestión*, Tirant lo blanch, 2019, p. 157 e ss.

PAULO BUSATO, "*Criminal Compliance*: Relevância e Riscos", *Revista Portuguesa de Ciência Criminal*, 2018, p. 441 e ss.

PAULO MOTA PINTO, "A proteção da vida privada e a Constituição", *Boletim da Faculdade de Direito da Universidade de Coimbra*, Vol. LXXVI, 2000, p. 153 e ss.

PÉREZ-CRUZ MARTÍN, "Las respuestas de la Sala 2.ª del Tribunal Supremo a algunas cuestiones procesales en torno a la responsabilidade penal de las personas jurídicas", in *Proceso Penal y Responsabilidad Penal de Personas Jurídicas*, Aranzadi, 2017, p. 227 e ss.

PÉREZ GIL, "Marco normativo supranacional y toma en consideración de los derechos de las personas jurídicas en el processo penal", in *Proceso Penal y Responsabilidad Penal de Personas Jurídicas*, Aranzadi, 2017, p. 25 e ss.

PINTO DE ALBUQUERQUE, *Comentário do Código de Processo Penal à luz da Constituição da República e da Convenção Europeia dos Direitos do Homem*, Universidade Católica, 2011.

RENATO SILVEIRA/SAAD DINIZ, Compliance, *Direito Penal e Lei Anticorrupção*, Editora Saraiva, 2015.

REIS BRAVO, "Incidências processuais da punibilidade dos entes coletivos", *Revista do Ministério Público*, Número 105, Ano 27, 2006, p. 45 e ss.

— *Direito Penal de Entes Coletivos. Ensaio sobre a Punibilidade de Pessoas Coletivas e Entidades Equiparadas*, Coimbra Editora, 2008, especialmente p. 291 e ss.

ROSA ANNA RUGGIERO, "Cracking down on corporate crime in Italy", *Washington University Global Studies Law Review*, Volume 15, Number 3, 2016, p. 403 e ss.

SABELA OUBIÑA/RAQUEL LÓPEZ, "La regulación de la persona jurídica imputada en el processo penal: modelos a debate", *Derecho y Proceso Penal*, 34, Abril-Junio, 2014, p. 46 e ss.

SALOMÃO SHECAIRA, *Responsabilidade penal da pessoa jurídica*, Campus Jurídico, 2011.

SANDRA OLIVEIRA E SILVA, *O Arguido como Meio de Prova contra si mesmo. Considerações em torno do princípio* nemo tenetur se ipsum accusare, Almedina, 2018.

SILVA DIAS/VÂNIA COSTA RAMOS, *O direito à não auto-incriminação (*nemo tenetur se ipsum accusare*) no processo penal e contra-ordenacional português*, Coimbra Editora, 2009.

SILVIA RENZETTI, "La responsabilità "amministrativa dipendente da reato" degli enti nel sistema italiano", in *Tratado sobre* Compliance *Penal. Responsabilidad Penal de las Personas Jurídicas y Modelos de Organización y Gestión*, Tirant lo blanch, 2019, p. 1543 e ss.

SOTO DÍAZ, "La responsabilidade de las personas jurídicas en Chile", in *Proceso penal y responsabilidad penal de personas jurídicas*, Aranzadi, 2017, p. 401 e ss.

SOUSA MENDES, "O dever de colaboração e as garantias de defesa no processo sancionatório especial por práticas restritivas da concorrência", *Julgar*, N.º 9, 2009, p. 11 e s.

— "*Law Enforcement & Compliance*", in *Estudos sobre* Law Enforcement, Compliance *e Direito Penal*, Almedina, 2018, p. 11 e ss.

SUSANA AIRES DE SOUSA, "*Societas publicas (non) delinquere potest*: reflexões sobre a irresponsabilidade dos entes públicos no ordenamento jurídico português", in *Actas do XV Encuentro AECA "Nuevos caminos para Europa: El papel de las empresas y los gobiernos"*, disponível em www.aeca.es/xvencuentroaeca/cd/7f.pdf

— *Questões Fundamentais de Direito Penal Empresarial*, Almedina, 2019.

— A negociação no processo penal das pessoas coletivas: da experiência americana à receção europeia", *Revista Portuguesa de Ciência Criminal*, 2019, p. 127 e ss.

— "A colaboração processual dos entes coletivos: legalidade, oportunidade ou «troca de favores»", *Revista do Ministério Público*, 158, abril-junho 2019, p. 9 e ss.

TERESA QUINTELA DE BRITO, "*Compliance*, cultura corporativa e culpa penal da pessoa coletiva", *Estudos sobre* Law Enforcement, Compliance *e Direito Penal*, Almedina, 2018, p. 57 e ss.

TIAGO CAIADO MILHEIRO, *Comentário Judiciário do Código de Processo Penal*, Tomo I, Almedina, 2019, comentário artigo 64.º

VÂNIA COSTA RAMOS, "*Corpus Juris 2000* – Imposição ao arguido de entrega de documentos para prova e *nemo tenetur se ipsum accusare*", Parte I, *Revista do Ministério Público*, n.º 106, Out/Dez 2006, p. 125 e ss.

VIEIRA DE ANDRADE, *Os Direitos Fundamentais na Constituição Portuguesa de 1976*, Almedina, 2019.

YVAINE BUFFELAN-LANORE, "La procédure applicable aux infractions commise par les personnes morales", *Revue des Sociétés*, 111.º anné, n.º 2, 1993, p. 315 e ss.

ÍNDICE